Malen mit Aquarellfarben

Azul Ceruleo
111
Bleu Caeruleum
Cölinblau
Bracknell, England

Malen mit Aquarellfarben

Hazel Harrison

KÖNEMANN

This book was designed and produced by
Quarto Publishing plc
The Old Brewery
6 Blundell Street
London N7 9BH

Original title: Watercolour Step-by-Step

Senior Art Editor: Penny Cobb
Designer: Clive Hayball
Senior Editor: Sally MacEachern
Editor: Mary Senechall
Photographers: Paul Forrester and Chas Wilder
Picture Researcher: Amanda Little
Picture Manager: Rebecca Horsewood
Publishing Director: Janet Slingsby
Art Director: Moira Clinch

Könemann Verlagsgesellschaft mbH
Bonner Str. 126, D-50968 Köln
Übersetzung aus dem Englischen
(für Agents-Producers-Editors):
Hajo Düchting
Redaktion und Satz der deutschen Ausgabe:
Agents-Producers-Editors, Overath
Druck und Bindung: Sing Cheong Printing Co., Ltd.
Printed in Hong Kong, China
ISBN 3–8290–0325–0

Besonderer Dank gilt Daler-Rowney für die Bereitstellung von Materialien.

Trevor Chamberlain, Auf einem Meer aus Schlamm, Malden

Das atmosphärische Bild zeigt die Schönheit der Szene und illustriert die Möglichkeiten des Aquarells.

Inhalt

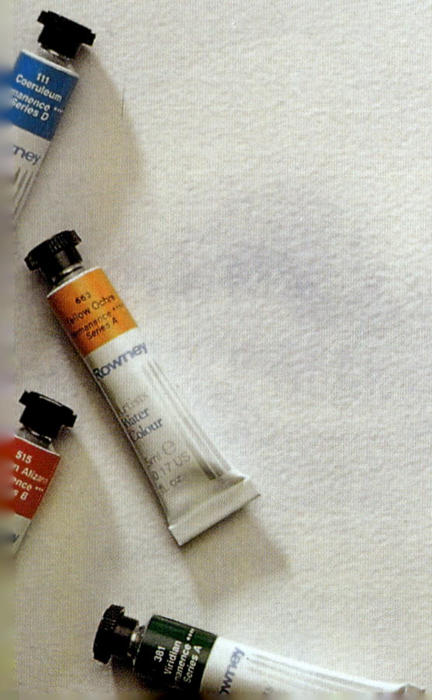

4
Wege zum Gemälde

Warum gerade Aquarell?

Heutzutage zählt das Aquarellieren zu den beliebtesten Maltechniken. Nannte man es einst etwas abschätzig den ›armen Verwandten‹ der Ölmalerei, greifen heute viele Künstler zuerst zu den Aquarellfarben.

Ist ein Aquarell gelungen, wirkt es unmittelbar und lebhaft. Die zauberhaften, manchmal etwas flüchtigen Eigenschaften dieser Technik ziehen viele Aquarellmaler an, die die unerwarteten Effekte, die entmutigend, aber auch aufregend sein können, ebenso schätzen wie die ganz persönlichen Ausdrucksmöglichkeiten. Mit Aquarell lassen sich bestimmte Stimmungen oder eine lichterfüllte Atmosphäre leicht wiedergeben.

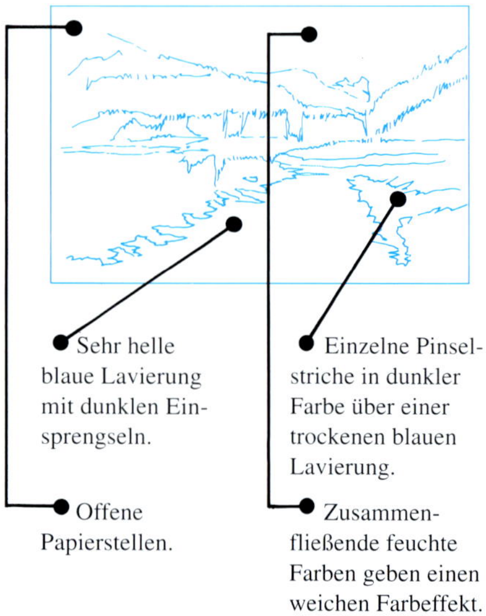

▼ ***Tim Pond, Harrison Lagoon***

Noch bevor Aquarellmalerei so beliebt wurde, diente sie vielen bedeutenden Künstlern, die vorwiegend in Öl malten, als Skizzentechnik. Wie dieses Bild zeigt, gibt es keine bessere Technik, um schnelle Eindrücke festzuhalten. Der Künstler setzte die ruhige, eindrucksvolle Stimmung der Landschaft mit breiten Lavierungen und Pinselstrichen um.

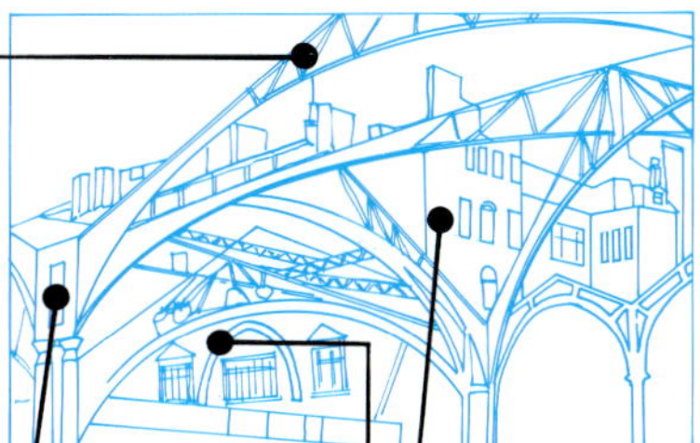

Das Muster der Eisengitter wurde mit dunkler Farbe und einem kleinen Pinsel herausgearbeitet.

Für den Himmel wurden dunkle Grautöne über eine hellgraue Lavierung gemalt.

Ein breiter Strich angetrockneter Farbe über einer bereits angelegten Hintergrundfarbe ergab eine Textur.

Weiße Stellen wurden sorgfältig ausgespart.

▲ ***Sandra Walker, Liverpool Street Station***

Aquarell ist auch für eine detailreiche Arbeit geeignet. Daher ist es das bevorzugte Mittel für viele Künstler, die sich auf botanische, zoologische und architektonische Motive spezialisiert haben. Diese Künstlerin ist besonders an Stadtarchitektur interessiert. Jede Tür, jedes Fenster und jeder Kamin, jeder Zentimeter an dekorativen Details wurde beachtet, ohne daß das Bild zu voll wirkt.

Vorteilhaft ist auch der rasche Zugriff und die praktische Handhabbarkeit im Atelier oder vor Ort.

Wegen des Fließverhaltens und der Transparenz der Farben ist Aquarell mit keiner anderen Technik zu vergleichen. Gerade diese Eigenschaften aber verliehen dem Aquarell den Ruf, ›schwierig‹ zu sein, denn aufgrund der Transparenz können Fehler nicht mehr durch Übermalen korrigiert werden, wie das bei deckenden Farben der Fall ist. In Wirklichkeit ist das Aquarellieren nicht schwieriger als andere Maltechniken, doch erfordert das Erlernen der Aquarellmalerei – wie das Malen überhaupt – Zeit und eine gewisse Experimentierfreude.

Die frische und spontane Erscheinung gelungener Aquarelle hängt von der sorgfältigen Planung, der Technik und dem Wissen um das Medium ab, aber all das kann mit der Zeit erlernt werden.

Weiter auf Seite 12 ☞

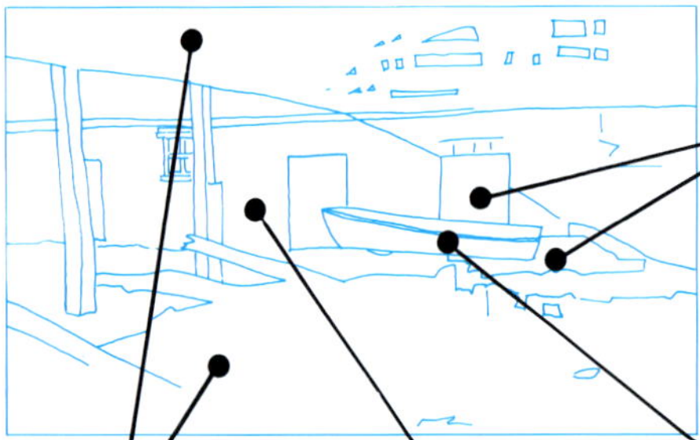

Eine dunkle Tür und Schatten heben das weiße Boot hervor.

Dunkle Farbtöne wurden mit verschiedenen Schichten aufgebaut. Helle und dunkle Flächen kontrastieren stark.

Die von der Sonne beleuchteten Seiten des Hauses sind mit sehr hellen gelben Lavierungen wiedergegeben.

Für die hellste Stelle des Bildes wurde das Papier weiß gelassen.

▼ *Peter Jones, Bauernhof in Much Wenlock, Shropshire*

Fragt man einen Laien nach der Wirkung des Aquarells, wird er meist Begriffe wie ›hell‹ und ›zart‹ verwenden. Aquarelle können zwar auch sehr duftig und zart aussehen, andererseits aber auch starke Hell-Dunkel-Kontraste zeigen. Dazu braucht man kräftige oder dunkle Farben, die mit weniger Wasser vermalt werden. In diesem Beispiel wurde die Farbe im Vordergrund fast unverdünnt angewendet. Sie erscheint durch den Kontrast zu dem sonnenbestrahlten Haus dahinter noch dunkler.

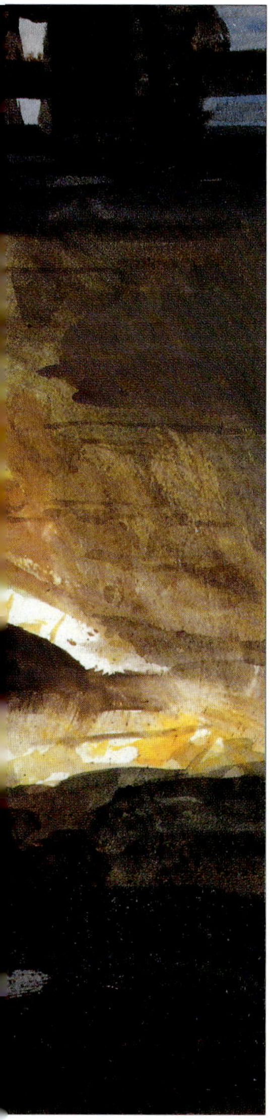

▲ *Elisabeth Harden, Glockenblumen*

Dieses Aquarell wirkt im wahrsten Sinne des Wortes duftig. Die Künstlerin paßte ihre Technik dem Motiv an, indem sie die Farben an manchen Stellen weich zusammenlaufen ließ. Diese Naß-in-Naß-Technik (s. S. 64) eignet sich gut für Blumenmotive.

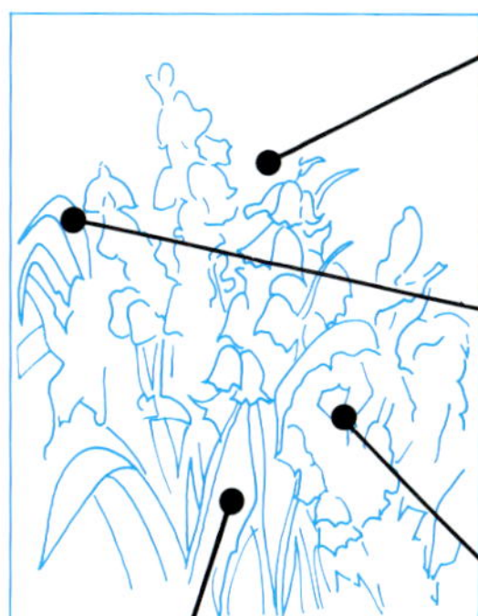

Blaue und grüne Töne ließ man in den grauen Hintergrund verlaufen.

Deutlichere Effekte erzielte man durch das Malen einiger Blätter über trockener Hintergrundfarbe.

Zusammenlaufende Farben. Schärfere Details entstanden durch Übermalungen auf trockenen Stellen.

Helle grüne Stiele wurden ausgespart.

Aquarellmalen zu lernen ist eine Herausforderung, macht aber auch viel Spaß. Die erfolgreiche Anwendung der Maltechniken verschafft nicht nur Befriedigung, sondern verhilft Ihnen auch zu einer eigenen künstlerischen Sprache.

Der Vorteil ist, daß Sie am Lernprozeß selbst Freude haben werden. Wichtigstes Ziel dabei ist, während des Malens mit der Technik vertraut zu werden. Es gibt kaum einen angenehmeren Zeitvertreib als den Pinsel über das Papier gleiten zu lassen oder die Verläufe der Farben beim Naß-in-Naß-Malen zu beobachten. Bei der Aquarellmalerei werden Sie viel über die Eigenschaften des Materials erfahren und lernen, wie man die größte Wirkung aus geplanten wie zufälligen Effekten herausholt.

Das zweite Lernziel nimmt wohl längere Zeit in Anspruch und erfordert mehr Versuche. Sie sollen dabei lernen, eigene künstlerische Interessen zu erkennen und herauszufinden, was Sie eigentlich mit der Malerei ›sagen‹ wollen. Wenn Sie erst einmal versiert sind, werden Sie sehen, daß es kaum ein vielseitigeres Ausdrucksmittel gibt. Sind Sie an stimmungsvollen Landschaften interessiert, können Sie rasche Skizzen machen und mit wenigen Strichen und Lavierungen Eindrücke festhalten. Ziehen Sie eine detailreiche Malerei vor, erzielen Sie mit einem kleinen Pinsel verblüffende Feinheiten. Malen Sie Blumen in zarten Farben, Stilleben in kräftigen Kontrasten oder Porträts in gedämpften Tönen. Zu entdecken, was Spaß macht, ist der erste Schritt zu einem eigenständigen Malstil. Die künstlerische Wirkung Ihres Bildes beruht schließlich darauf, ob es Ihnen gelungen ist, etwas von Ihrer Persönlichkeit einzubringen.

Die Bildbeispiele auf diesen Seiten zeigen Ihnen die vielfältigen Möglichkeiten der Aquarellmalerei. Selbst bei ähnlichen Motiven gleicht keine Technik der anderen, weil jeder Künstler anders ›sieht‹. Beim Besuch von Aquarellausstellungen werden Sie sicher unterschiedlich von Bildern angeregt. Lassen Sie sich von den Werken anderer Maler inspirieren und so Ihre eigene künstlerische Entwicklung bestärken. Von anderen Malern läßt sich viel lernen, auch wenn sie nicht wissen, daß sie unterrichten.

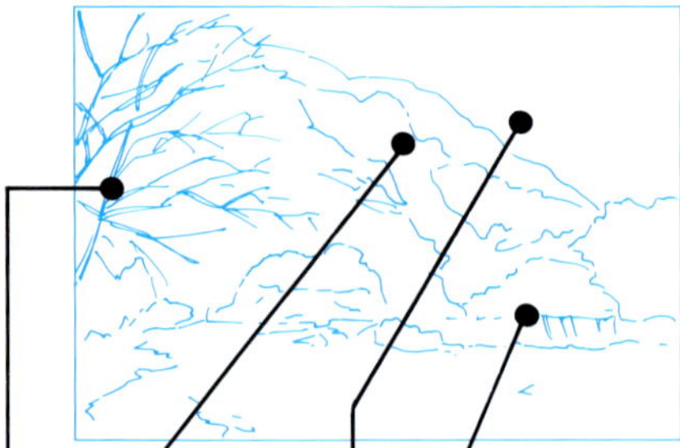

Der Hügel entstand, nachdem die Farben des Himmels trocken waren. Der Fleckenrand war Absicht.

Zweige wurden über Hügel und Himmel gemalt, nachdem die ersten Farben trocken waren.

Zwischen dem weichen Effekt der ineinander verlaufenden Farben und den scharfen Linien, die über die trockene Farbe gemalt wurden, ist ein scharfer Kontrast entstanden.

Farbverläufe, die jedoch nicht über den Hügel fließen durften.

▼ *Shirley Felts, Verzauberter Felsen*

Das Entstehen von ›glücklichen Zufällen‹ gehört zu den größten Freuden der Aquarellmalerei. Farben können zusammenlaufen oder Flecken ergeben. Statt das Bild zu verderben, wirken sie jedoch auf besondere Weise in der Komposition. Wissen Sie erst einmal, wie diese ›Unfälle‹ passieren, können Sie sie geschickt in die Bildwirkung einbauen. In diesem Bild ließ die Künstlerin die Farben ineinander ›bluten‹ und zufällige Ränder bilden (s. S. 86), um dem Bild Spontaneität zu geben.

▲ *Ronald Jesty, Pinie*

Obwohl sich die Motive dieser beiden Aquarelle ähneln, könnte das Resultat nicht unterschiedlicher ausfallen. Beide Künstler beherrschen ihre Technik, doch führt das jeweilige künstlerische Interesse zu ganz verschiedenen Malstilen. Jesty mag scharfe Kontraste, bei denen jede Form deutlich abgegrenzt erscheint. Er baut seine Bilder langsam auf, indem er kleinflächige Lavierungen übereinanderlegt. Zwischen den Farbaufträgen läßt er das Bild gut durchtrocknen, damit die Farben nicht verlaufen.

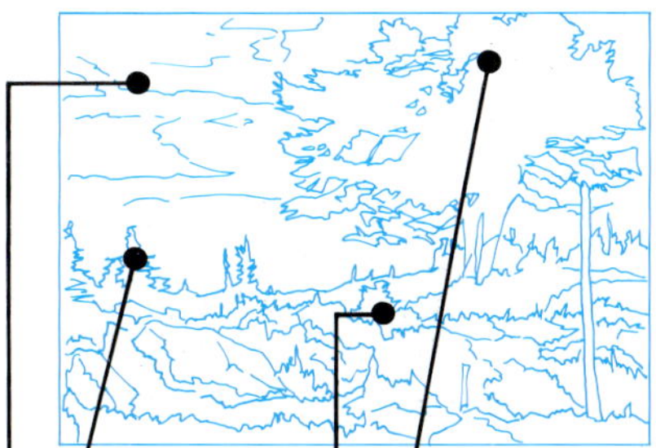

Hellblau wurde mit einem großen Pinsel aufgetragen. Offene Papierstellen deuten Wolken an.

Einige Häuser, die in hellen gelbbraunen Tönen angelegt wurden, sind mit dem gleichen Blau übermalt.

Die helle rosa-braune Lavierung und einzelne Pinselstriche in Gelb-Braun deuten die Ziegelwand an.

Freies Zeichnen mit feiner Feder und schwarzer Tusche über trockener Farbe.

▼ ***Ray Evans, Straße in Kiew***

Dieses Bild läßt sich gut mit der Liverpool Street Station vergleichen (s. S. 9). Das Motiv ist ähnlich, der Stil jedoch ganz anders. Während Walker Details mit der Farbe allein aufbaut, verwendet Evans die Aquarellfarbe nur sparsam und belebt die hellen Lavierungen mit Linien in Tusche. Linie und Lavierung (s. S. 84) ist eine ausgezeichnete Technik für architektonische Motive. Man kann die Farben frisch und sauber halten und feine Details nachträglich mit Feder oder Bleistift eintragen.

▲ ***Terry Longhurst, Dee in nachdenklicher Stimmung***

In der Aquarellmalerei gibt es so viele Techniken wie Themen. Am meisten wird sie wohl für Landschaften und Blumenstilleben verwendet. Wie dieses Bild zeigt, ist das Aquarell aber auch hervorragend für ausdrucksvolle Porträts und Figurenbilder geeignet. Der Künstler malt sowohl Auftragsbilder als auch private Porträts in Aquarell, für ihn die ideale Technik.

Die spitzen blassen Blätter wurden mit Abdeckflüssigkeit ausgespart (s. S. 49).

Intensive Farben werden durch fast schwarz wirkende angrenzende Farben verstärkt.

Die graue Lavierung wurde absichtlich unregelmäßig aufgetragen, um Licht und Schatten anzudeuten.

Das Übermalen trockener heller Farben mit dunkleren ergibt die Gesichtszüge.

1

Einführung

Von der großen Anzahl an Farben, die der Markt anbietet, benötigen Sie nur ganz wenige. Die Grundpalette auf Seite 23 enthält zehn Farben, was für das Aquarell schon recht viel ist. Es gibt Aquarellmaler, die nur fünf oder sechs Farben verwenden. Zunächst müssen Sie zwischen Tuben und Näpfchen unterscheiden. Beide haben ihre Vorteile. Näpfchen lassen sich bequemer

EIN-
FÜHRUNG

Farben und Pinsel

mitnehmen, weil man sie einfach in den Farbkasten steckt, Tuben dagegen müssen einzeln mitgeführt werden. Wenn man jedoch viel Farbe für großflächige Lavierungen braucht, sind Tuben besser geeignet (s.S. 28).

Kaufen Sie aber immer nur Farben bester Künstlerqualität, egal ob Sie sich für Tuben oder Näpfchen entscheiden. Lassen Sie sich nicht von billigen Skizzen- oder Studiosets blenden. Die darin verwendeten Farben sind häufig minderwertig und ergeben nicht die lebhaften Farbtöne echter Aquarellfarben. Da Tuben oder Näpfchen lange halten, ist der Anschaffungspreis eine einmalige Ausgabe. Nach und nach muß man zwar die eine oder andere Farbe ergänzen, aber nie die ganze Farbenreihe.

Auch Pinsel brauchen Sie nicht sehr viele. Hier können Sie wirklich sparen, indem Sie nicht die allerbesten kaufen. Die besten Aquarellpinsel werden aus Marderhaar angefertigt, weniger teure Pinsel aus Eichhörnchen- oder Rinderhaaren. Dazu kommen noch Pinsel aus synthetischem Material und solche aus einer Mischung von Marder- und synthetischen Haaren. Sie sind zwar nicht sehr geschmeidig und halten die Farbe nicht so gut wie echte Marderhaarpinsel, aber für den Anfang reichen sie aus.

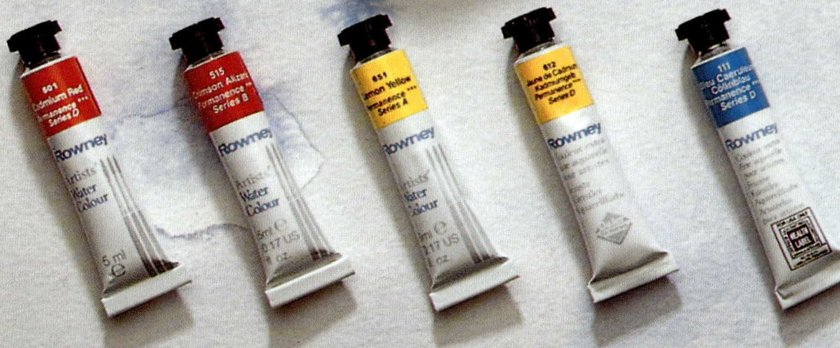

◀ ***Malkasten mit Näpfchen***
Alle Aquarellfarben enthalten Gummiarabikum zum Binden und Feuchthalten. Machen Sie sich also über das eventuelle Austrocknen der Näpfchen keine Sorgen. Näpfchen sind in ganzer und halber Größe erhältlich. Falls Sie sich des gewünschten Farbtons nicht ganz sicher sind, nehmen Sie erst einmal die halbe Näpfchengröße. Es gibt viele verschiedene Ausführungen von Malkästen, in die man Näpfchen stecken kann. Nach Verbrauch lassen sie sich leicht herausnehmen und durch neue ersetzen.

▶ ***Gouachefarben***
Gouachefarben sind deckende Wasserfarben, die kräftiger aufgemalt werden können, manchmal auch in Kombination mit transparenten Farben. Vor allem Gouacheweiß ist eine gute Alternative zu Chinaweiß und kann für Lichter oder bestimmte Effekte verwendet werden.

◀ ***Malkasten mit Tuben***
Die Wahl des Malkastens erfordert einige Überlegung. Nehmen Sie keinen fertig zusammengestellten Kasten. Sie wissen dann nicht, ob die Farben wirklich von bester Qualität sind. Außerdem kaufen Sie vielleicht Farben ein, die Sie später nicht brauchen können. Kaufen Sie daher einen leeren Malkasten und bestücken Sie ihn mit den Farben Ihrer Wahl, sei es in Tuben oder Näpfchen. Der hier gezeigte Kasten ist für Tuben gedacht, die Sie nach Bedarf in die Pfännchen ausdrücken können.

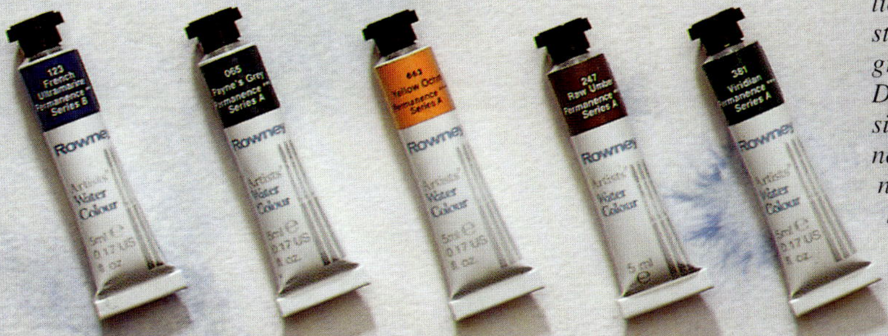

◀ ***Tuben***
Normale Aquarellfarbentuben sind ziemlich klein. Einige Hersteller bieten auch größere Tuben an. Doch diese Größen sind eigentlich nicht nötig, denn auch die normalen Tuben verbrauchen sich beim Aquarellieren recht langsam. Farbtuben guter Qualität können lange aufbewahrt werden, vorausgesetzt, man schraubt sie nach Gebrauch immer fest zu. Statt in Malkästen kann man die Tuben oder Näpfchen auch in Paletten aufbewahren, wie auf S. 20 gezeigt.

Paletten

Wenn Sie Aquarellfarben in Näpfchen kaufen, können Sie die gewünschten Farbtöne in Ihrem Malkasten ausmischen (s. S. 19). Auch Tubenfarben lassen sich im Malkasten ausmischen, doch ist eine Palette besser geeignet. Die Paletten aus Porzellan oder Plastik eignen sich besonders für die Arbeit im Haus. Jede Farbe kann getrennt gehalten werden. Nach Gebrauch lassen sich die Paletten leicht stapeln. Die kreisförmige Palette (s. o.), entweder aus Porzellan oder Plastik, wird von vielen Künstlern bevorzugt.

Vertiefungen

Alle Paletten haben durch Stege getrennte Vertiefungen, damit die Farben nicht zusammenlaufen. Die unten links gezeigten Plastikpaletten sind für alle Zwecke geeignet. Sie sind preiswert, leicht und daher ideal für die Arbeit im Freien.

▶ ***Pinsel***
Aquarellpinsel gibt es vor allem in drei Ausführungen: Rund-, Flach- und Verwaschpinsel. Alle sind in verschiedenen, durch Nummern angegebenen Größen erhältlich. Meistens sind die Nummern 12 oder 14 die größten Pinsel, die Nummern 1, 0 oder sogar 00 die kleinsten. Die hier gezeigten Pinsel sind (von links nach rechts): Kolinsky-Marderhaar-Rundpinsel Nr. 14; Mischhaar-Verwaschpinsel Nr. 12; Rinderhaar-Rundpinsel Nr. 12; Synthetik-Rundpinsel Nr. 11; Synthetik-Flachpinsel Nr. 2; Verwaschpinsel Nr. 6 aus Ziegenhaar.

Pinselpflege

Pinsel werden schnell ruiniert, wenn sie mit dem Kopf länger in einem Glas Wasser stehen. Stellen Sie die Pinsel daher aufrecht in ein Glas oder bewahren Sie sie in speziellen Pinselbehältern auf. Diese Behälter sind auch nützlich, wenn Sie im Freien arbeiten. Achten Sie darauf, daß der Behälter nicht auf dem Kopf steht, damit sich die Pinselspitzen nicht verbiegen. Die Pinsel müssen ganz trocken sein, bevor sie in den Behälter kommen, da sie sonst schimmeln.

Spülen Sie die Pinsel nach dem Malen unter laufendem Wasser aus. Mit etwas Seife läßt sich auch eingetrocknete Farbe auflösen. Dann streichen Sie sie mit den Fingern glatt.

▼ ***Schwämme und Wattestäbchen***
Auch ein kleiner Naturschwamm und Watte sollten zu Ihrer Ausrüstung gehören. Man kann damit Farben auftragen, Korrekturen machen und Farbspritzer wegwischen. Mit Wattestäbchen lassen sich gut Lichter einsetzen (s. S. 46).

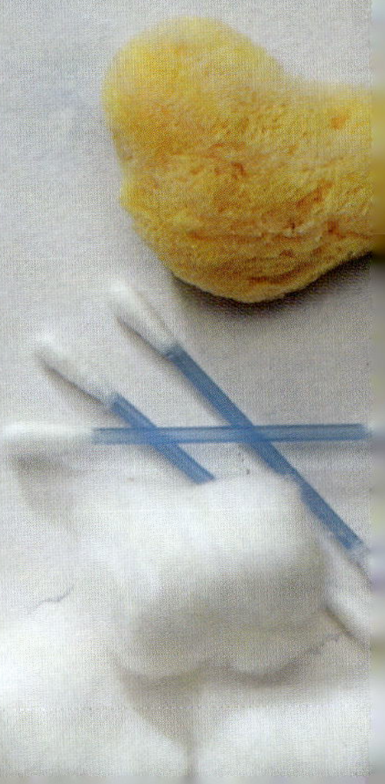

▲ *Atelierbeleuchtung*
Das Tageslicht sollte von links einfallen, damit beim Malen keine Schatten auf das Blatt fallen können. Linkshänder brauchen natürlich das Licht von rechts. Die Tischlampe kann so eingestellt werden, daß sie nicht zuviel Schatten wirft. Für solche Lampen gibt es auch Tageslichtbirnen.

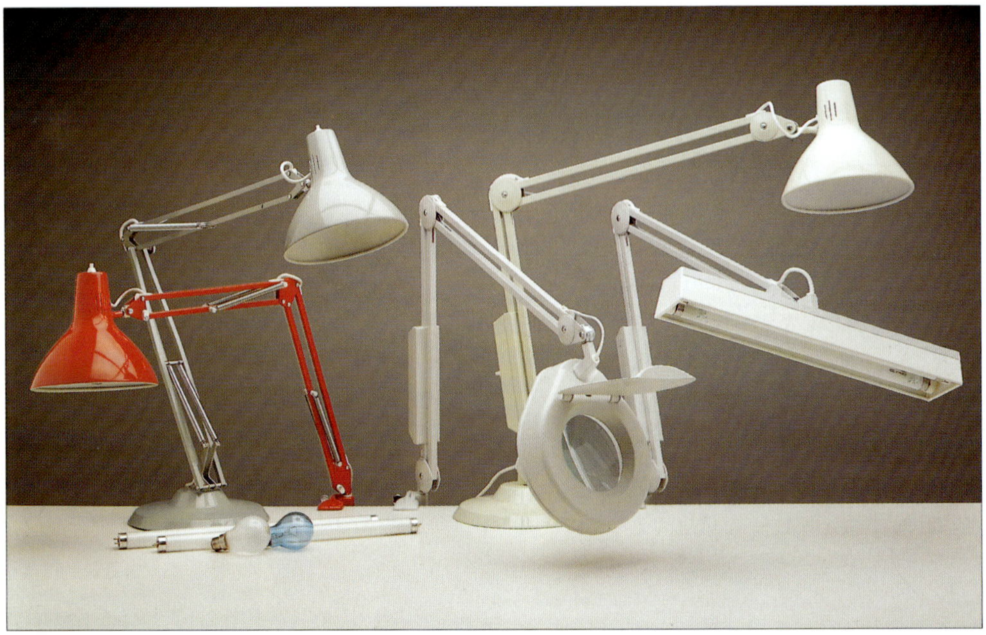

◀ *Lampen*
Arbeitslampen gehören zwar nicht zur Anfängerausrüstung, aber Sie sollten sich schon nach geeigneten Lampen umsehen, wenn Sie auch abends arbeiten wollen. Die meisten der hier gezeigten Arbeitslampen finden Sie in den Geschäften für Mal- und Zeichenbedarf. Die (blauen) Tageslichtbirnen können sowohl in Lampen als auch in Arbeitsleuchten verwendet werden.

Anfängerset

Auf diesen beiden Seiten finden Sie alles, was Sie zum Einstieg in die Aquarellmalerei brauchen, dazu noch einige Extras. Die Liste ist nicht sehr lang und kann noch gekürzt werden, wenn man auf einige Pinsel und Farben zunächst verzichten möchte.

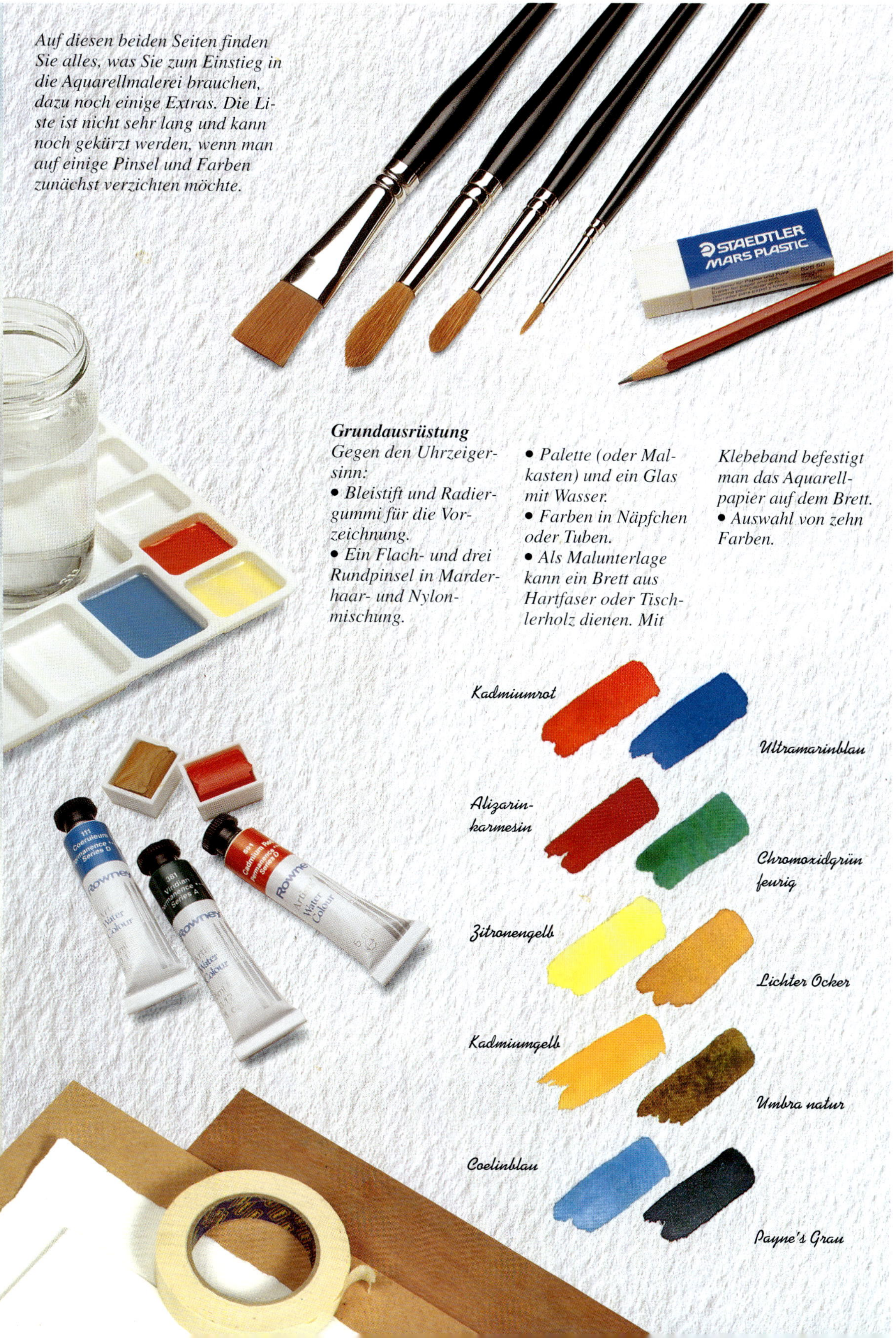

Grundausrüstung

Gegen den Uhrzeigersinn:

- *Bleistift und Radiergummi für die Vorzeichnung.*
- *Ein Flach- und drei Rundpinsel in Marderhaar- und Nylonmischung.*
- *Palette (oder Malkasten) und ein Glas mit Wasser.*
- *Farben in Näpfchen oder Tuben.*
- *Als Malunterlage kann ein Brett aus Hartfaser oder Tischlerholz dienen. Mit Klebeband befestigt man das Aquarellpapier auf dem Brett.*
- *Auswahl von zehn Farben.*

Papier

Aquarelle werden meist auf weißem Papier gemalt, auf dem aufgrund des reflektierten Lichts die dünnen Farbschichten besonders leuchten. Die besten Papiere werden aus reinen Leinen- oder Baumwollfasern handgeschöpft. Da sie sehr teuer sind, sollte der Anfänger auf sie verzichten.

In Malbedarf-Läden werden meist maschinell hergestellte Papiere in drei Sorten angeboten: heiß gepreßt, kalt gepreßt und rauh.

Ein wichtiger Faktor ist zudem das Gewicht des Papiers, denn von ihm hängt ab, ob man das Papier aufziehen muß. Das Gewicht wird in Gramm pro Quadratmeter angegeben und kann zwischen 12 g und, bei einem schweren Malkarton, 640 g liegen. Papiere ab 200 g brauchen nicht aufgezogen zu werden. Meist nimmt man aber leichtere Papiere zwischen 100 und 150 g. Kleinere Formate können auch direkt bemalt werden. Bei größeren Blättern und bei vielen Lavierungen sollte man das Papier immer aufziehen.

Papier aufziehen

Leichtes oder mittelschweres Papier neigt zum Verwerfen, wenn es nicht vorher aufgezogen worden ist. Papier aufziehen mag wie Strafarbeit anmuten. Es gibt jedoch zwei gute Gründe, es doch zu tun. Leichtes Papier ist zum einen wesentlich preiswerter als schwereres. Zum anderen macht es viel mehr Spaß, auf aufgezogenem Papier zu malen, das sich nicht verwirft. Aufziehen ist nicht schwer, muß aber vor dem eigentlichen Malen gemacht werden. Man weicht das Papier ein und läßt es ungefähr zwei Stunden lang wieder trocknen.

◀ ***Ausrüstung***
Man braucht nur Lineal, Bleistift, eine Schere, gummiertes Klebeband und einen Schwamm. Reißzwecken zur Sicherung sind nicht unbedingt erforderlich.

1 *Ziehen Sie Bleistiftlinien in 1 cm Abstand zu den Papierrändern, um das Klebeband richtig anlegen zu können.*

2 *Tauchen Sie das Papier von beiden Seiten kurz in kaltes Wasser.*

3 *Legen Sie es aufs Malbrett und glätten Sie es mit einem feuchten Schwamm, um Falten und Blasen zu entfernen.*

4 *Schneiden Sie vier Streifen Klebeband zurecht und befeuchten Sie sie mit dem Schwamm. Sind sie zu naß, reißen sie beim Aufspannen.*

5 *Legen Sie das Klebeband auf die vier Seiten des Papiers und streichen Sie es mit der Hand gleichmäßig auf. Schneiden Sie überstehende Ecken ab und stellen Sie das Brett senkrecht zum Trocknen auf.*

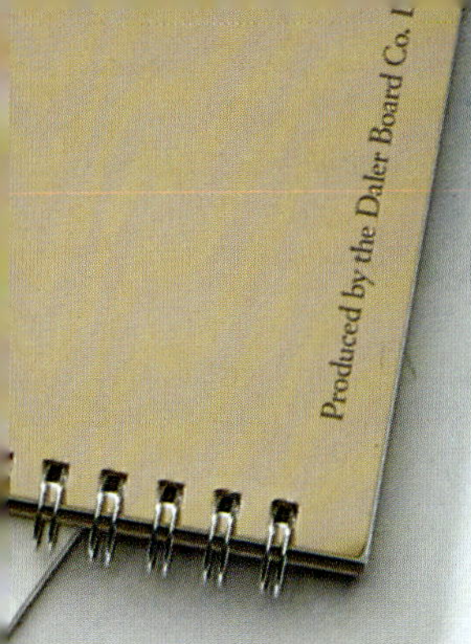

▲ ***Skizzenbücher***
Viele Papierhersteller liefern ihre Sorten in Skizzenbuchformat. Skizzenbücher mit meist 10–12 Blättern gibt es in vielen Größen.

◀ ***Wasserzeichen***
Nicht alle Papiere haben Wasserzeichen. Falls doch, läßt sich die ›richtige‹ und die ›falsche‹ Papierseite daran erkennen. Halten Sie es gegen das Licht. Können Sie das Wasserzeichen lesen, handelt es sich um die richtige Malseite.

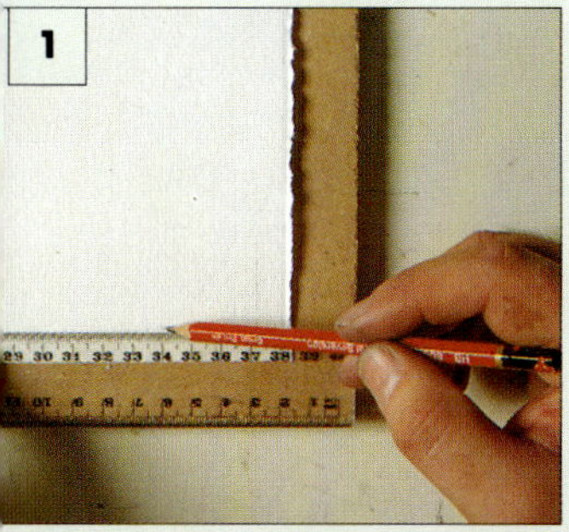

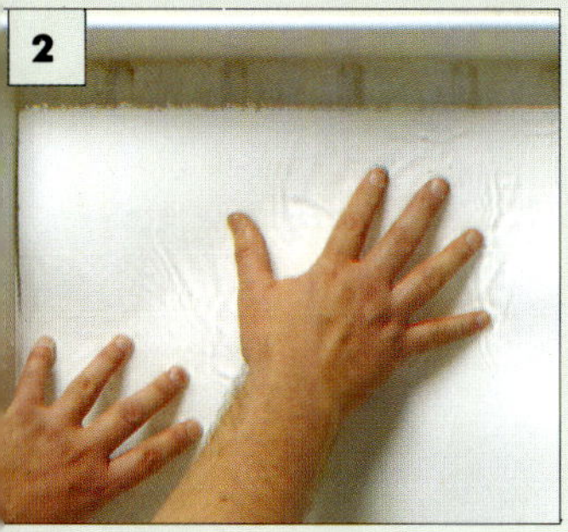

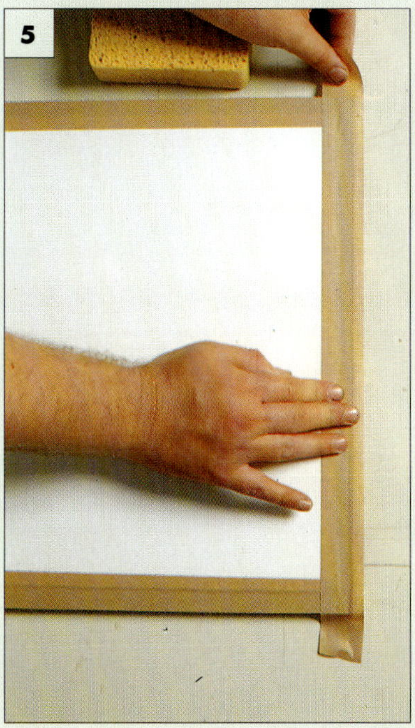

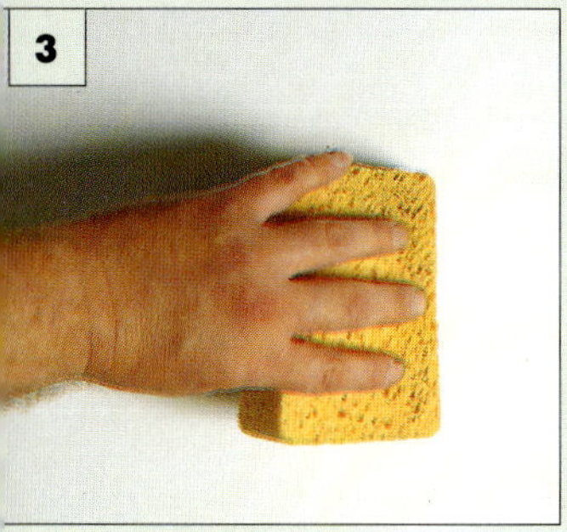

▶ ***Papiersorten***
Von oben nach unten:
1 *Aquarellkarton*
2 *Kalt gepreßtes Papier*
3 *Rauhes Papier*
4 *Heiß gepreßtes Papier*
5 *und* **6** *Zwei verschiedene handgeschöpfte Papiere.*

Karton – auf eine feste Unterlage geklebtes Papier – ist teuer, aber nützlich, wenn man keine Zeit zum Aufziehen hat. Kalt gepreßtes Papier hat eine leichte Körnung, die die Farbe hält, aber keine Musterung erkennen läßt. Dieses Papier wird am häufigsten verwendet.

Rauhes Papier ist deutlich texturiert und schwerer handzuhaben, da sich die Farbe in den Vertiefungen absetzt und einen Sprenkeleffekt verursacht. Heiß gepreßtes Papier ist glatt und am besten für Linie, Lavierung (s. S. 84) und feine Details geeignet. Handgeschöpfte Papiere lassen sich wegen ihrer Vielfältigkeit nicht einteilen. Hiermit sollten Sie erst experimentieren, wenn Sie genügend Erfahrung gesammelt haben.

2

Grundlagen

Aquarellfarben sind so flüssig, daß man sie leicht zu großflächigen Lavierungen auf dem Papier vermalen kann. Lavierungen sind die Grundlage der Aquarellmalerei. Eine Lavierung ist eine dünne Schicht Farbe, die großflächig auf dem Papier verteilt wird. Wenn Sie eine Landschaft oder ein Seestück malen, kann die Lavierung gut ein Drittel oder die Hälfte des Blattes einnehmen. Eine Lavierung kann aber auch viel kleiner sein.

GRUNDLAGEN

Eine Lavierung anlegen

Bei einem Stilleben mit einfachem Hintergrund benötigen Sie mehrere Lavierungen in verschiedenen Farben, nämlich für jeden Gegenstand eine, und darüber hinaus eine größere Lavierung für den Hintergrund.

Lavierungen müssen nicht ganz gleichmäßig ausfallen. Später lernen Sie, wie man den Farbverlauf heller oder dunkler gestaltet und eine unregelmäßige Lavierung anlegt. Man kann auch mehrere Farben in einer Lavierung unterbringen. Lernen Sie zunächst aber, eine gleichmäßige Lavierung anzule-

Eine Lavierung anmischen

Will man eine großflächige Lavierung anlegen, benötigt man viel gründlich gemischte Farbe. Geben Sie ausreichend Farbe auf die Palette und fügen Sie so lange Wasser hinzu, bis die Farbe völlig aufgelöst und der richtige Farbton erzielt ist.

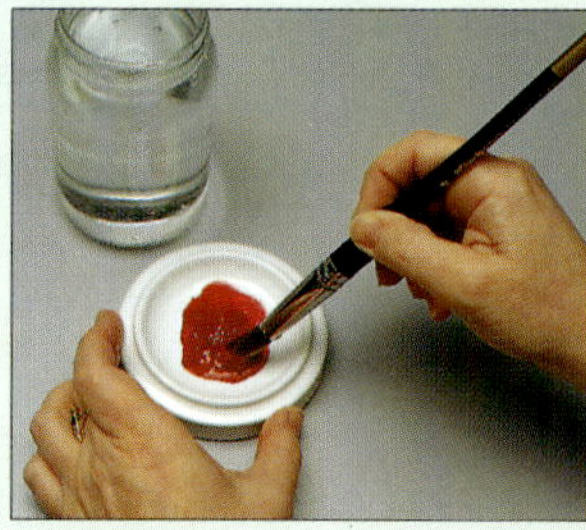

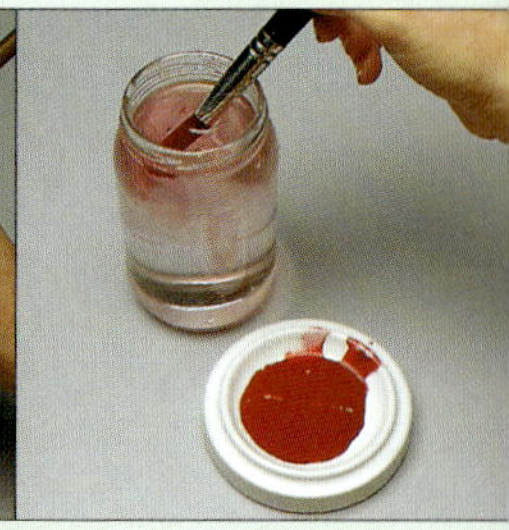

1

2

Lavierung auf trockenem Papier

1 *Vermalen Sie die Farbe bei leicht geneigtem Malbrett gleichmäßig von einer Seite zur nächsten.*

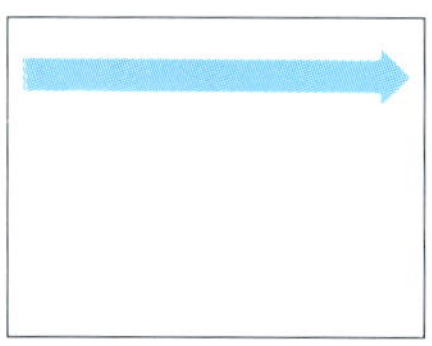

2 *Der Neigungswinkel läßt die Farbe das Papier herunterlaufen, so daß jeder Farbstreifen mit dem unteren verläuft.*

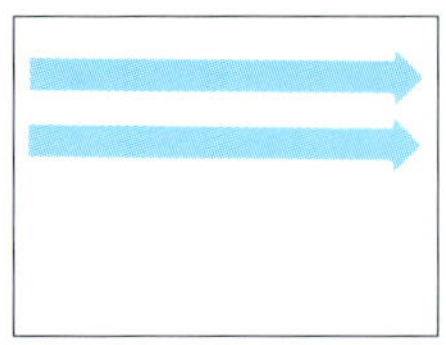

Lavierung auf feuchtem Papier

1 *Auf feuchtem Papier verlaufen die Farben besser, sind aber auch schwerer zu kontrollieren. Sie werden keine so sauberen Farblinien schaffen können wie auf trockenem Papier.*

2 *Rinnsale werden beim weiteren Lavieren absorbiert.*

3 *Werden Sie nicht unruhig, wenn Ihre Lavierung zunächst noch streifig aussieht. Nach dem Trocknen wird sie so glatt und gleichmäßig wie diese sein.*

3 *Tragen Sie weitere Farbstreifen auf. Vor jedem neuen Farbauftrag tauchen Sie den Pinsel in die Farblösung ein.*

4 *Wenn Sie die Lavierung richtig angelegt haben, werden alle Unregelmäßigkeiten nach dem Trocknen verschwinden.*

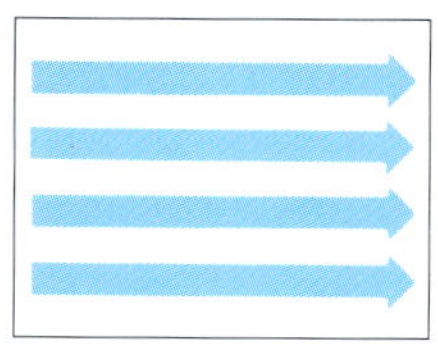

Arbeiten mit Schwamm

1 *Ein Schwamm sollte unbedingt zu Ihrer Ausrüstung gehören. Manche Künstler ziehen ihn beim Anlegen von Lavierungen dem Pinsel vor. Die besten Ergebnisse erhalten Sie auf feuchtem Papier.*

2 *Tauchen Sie den Schwamm vor jedem Auftrag in die Farblösung und ziehen Sie ihn gleichmäßig von einer Seite des Papiers zur anderen.*

3 *Obwohl das Papier feucht ist, kann die Farbe nicht herunterlaufen wie beim Pinselauftrag, da der Druck des Schwamms dies verhindert.*

4 *Leichte Streifen in den Farbverläufen verschwinden beim Trocknen.*

5 *Legen Sie das Malbrett zum Trocknen waagerecht. Da das Papier feucht ist, verläuft die Farbe auch insgesamt gleichmäßig.*

Eine Lavierung in bestimmten Formen anlegen

Die Wassermethode
1 *Zunächst werden die gewünschten Formen mit sauberem Wasser ›vorgemalt‹.*
2 *Dann wird auf den feuchten Stellen die Lavierung angelegt.*
3 *Die Farbe fließt nicht über die Ränder der vorgemalten Formen, da das Papier dort trocken ist.*
4 *Zuletzt wird das Brett umgedreht, damit die Farblachen zurückfließen können.*

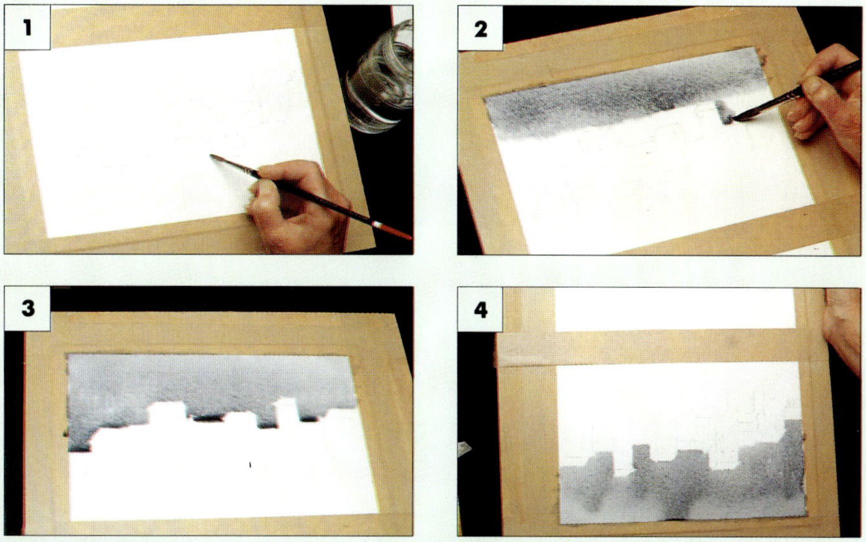

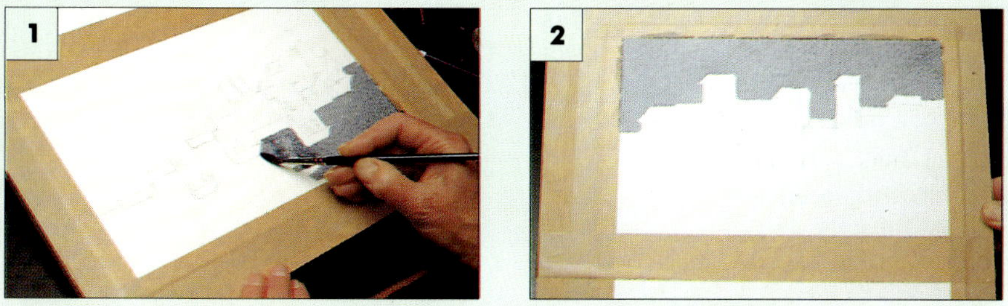

Umgekehrt malen
1 *Das Brett wird bei der Lavierung umgedreht, so daß die Ränder der Form zuerst gemalt werden.*
2 *Beide Methoden erzielen ähnliche Ergebnisse und sind einfach.*

gen, bei der man keinerlei Farbstufen, Linien oder Wellen im Farbverlauf mehr sieht.

Um Verwerfungen zu vermeiden, arbeiten Sie auf aufgezogenem Papier (s. S. 24). Einfacher ist es, eine Lavierung auf trockenem Papier anzulegen. Einige Künstler befeuchten das Papier leicht vor der Lavierung.

Effektive Anwendung

Lavierungen müssen zügig angelegt werden. Daher ist es wichtig, eine ausreichende Menge der Farblösung bereitzuhalten. Die Lavierung wird nicht gelingen, wenn man auf halber Strecke eine neue Lösung anmischen muß, da man niemals den gleichen Farbton wie beim ersten Mal erzielen wird. Malen Sie nie über eine noch feuchte Lavierung. Das gibt häßliche Flecken.

Lassen Sie die Lavierung trocknen. Ärgern Sie sich nicht, wenn es nicht gleich gelingt. Das nächste Mal wird es besser werden! Sie haben schon ein Gefühl für das Aquarellmalen bekommen und dabei zwei wichtige Entdeckungen gemacht. Die eine betrifft die benötigte Farbmenge, die andere die Eigenschaft von Aquarellfarben, beim Trocknen heller zu werden. Man kann zwar durch häufiges Übermalen dunkle Farbtöne erzielen. Zu viele Farbschichten verderben aber die Frische und Brillanz des Farbtons.

Mit dem Schwamm malen

Wenn Sie bereits einige Lavierungen auf feuchtem Papier ausprobiert haben, versuchen Sie einmal einige auf trockenem Papier. Legen Sie auch einmal eine Lavierung mit einem Schwamm statt mit einem Pinsel an. Eine vollkommen gleichmäßige Lavierung läßt sich mit dem Schwamm zwar nicht ganz so leicht erzielen, aber für unebene Effekte ist er das ideale Werkzeug. Je nach Druck auf den Schwamm läßt sich die Farbmenge der Lavierung gut kontrollieren.

Die Natur bietet selten reine Farbflächen. Daher sollten Sie auch schattierte oder mehrfarbige Lavierungen beherrschen. Bei abgestuften Lavierungen verlaufen dunklere Farben zu helleren Farbtönen. Sie lassen sich etwa sehr vorteilhaft für blaue Himmel einsetzen.

Die Technik unterscheidet sich nur in einer Hinsicht von der gleichmäßigen Lavierung: Sie beginnen mit konzentrierter Farbe und fügen bei jedem neuen Farbverlauf zunehmend Wasser hinzu.

GRUNDLAGEN

Verschiedene Lavierungen

Abgestufte Lavierungen sind schwieriger auszuführen als gleichmäßige und verlangen mehr Übung. Fügt man einem Farbauftrag zuviel Wasser hinzu und im nächsten nicht genügend, ergeben sich unregelmäßige Streifen.

Mit einem Schwamm läßt sich die Farbmenge kontrollieren. Einige Aquarellmaler drehen ihr Malbrett um und beginnen mit den hellen Farbstreifen, um erst am Schluß zu den dunklen überzugehen.

Verschiedene Farben verwenden

Die vielfarbigen Lavierungen machen erst richtig Spaß. Man kann sie zwar nicht so genau kontrollieren wie die gleichmäßigen oder abgestuften Lavierungen, dafür erzielt man damit ganz verblüffende Effekte.

Solche Lavierungen bieten sich bei zahlreichen Gelegenheiten an. Ein Beispiel ist ein Sonnenuntergang, bei dem die Farben von tiefen Blautönen zu Orange und Gelb variieren. Und der Hintergrund eines Stillebens kann eine interessante Kombination von Blau-, Grau- und Brauntönen statt einer gleichmäßigen Lavierung erhalten.

Eine abgestufte Lavierung anlegen

1 *Abgestufte Lavierungen sind schwieriger anzulegen als gleichmäßige, aber genauso wichtig zu beherrschen. Neigen Sie das Brett leicht nach vorne und nehmen Sie einen breiten Pinsel. Beginnen Sie mit einer konzentrierten Farbe und machen Sie jeden nachfolgenden Farbauftrag etwas heller.*

2 *Tauchen Sie bei jedem neuen Streifen den Pinsel ins Wasser und dann in die Farblösung. Die Mischung wird immer heller werden, da der Wasseranteil stetig erhöht wird.*

3 *Abgestufte Lavierungen lassen sich am besten auf trockenem Papier anlegen. Auf feuchtem Papier kann die dunkle Farbe in die anschließenden hellen Farbtöne verlaufen.*

1

2

3

4

5

4 *Mit wachsender Übung läßt sich eine gleichmäßig abnehmende Lavierung schaffen. Um stärkere Kontraste zwischen Hell und Dunkel zu erzielen, nehmen Sie beim zweiten Auftrag reines Wasser oder tauchen den Pinsel jedesmal zweimal ins Wasser.*

5 *Eine gleichmäßig abgestufte Lavierung wie diese hier ist die Voraussetzung für das Malen von Himmeln.*

Schnelleres Trocknen

Da man Aquarellfarben erst nach dem Trocknen richtig beurteilen kann, braucht ein Aquarell viel Zeit. Ein Haarföhn kann die Trockenzeit beschleunigen. Halten Sie den Föhn aber nicht auf eine zu feuchte Lavierung, sonst könnte die Farbe ungeahnte Wege gehen. Lassen Sie die Lavierung erst etwas eintrocknen.

Eine vielfarbige Lavierung anlegen

1 *Mischen Sie vorher alle benötigten Farbtöne aus. Die Künstlerin probiert hier einige Farben auf einem Stück Papier aus.*

2 *Mit einem großen Flachpinsel trägt sie ein Dunkelblau unregelmäßig auf. Anders als bei den vorhergegangenen Lavierungen soll diese nicht ganz gleichmäßig verlaufen.*

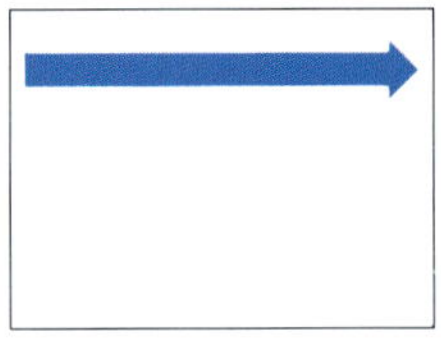

3 *Das Papier wurde zuvor etwas angefeuchtet, damit die Farben besser verlaufen. Man kann diesen Effekt oben links sehen, wo das dunkle Blau in den helleren Streifen einfließt.*

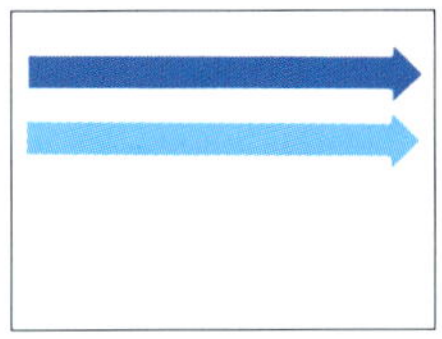

4 *Die drei Ausgangsfarben – Ultramarinblau, Coelinblau und Chromoxidgrün feurig – verschmelzen ohne Ränder.*

5 *Die fertige Lavierung wirkt wie ein ruhig liegendes Meer.*

Zufallslavierung

1 *Nun wird experimentiert! In eine noch feuchte gelbe Lavierung werden Farben eingebracht.*

2 *Nachdem die ersten Farben angelegt sind, läßt man weitere Farbtöne hineintropfen oder tupft sie mit dem Pinsel ein.*

3 *Die Farbe breitet sich kreisförmig aus. An den Rändern entstehen kleine Tentakeln.*

4 *Eine solche Lavierung kann ein anregender Hintergrund für ein Stilleben sein und eine Tapete oder eine Gardine andeuten.*

1

2

3

4

Farbproben

Aufregende Zufallsmuster lassen sich mit allen Farben schaffen. Wenn Sie jedoch mehr Kontrolle über den Effekt haben wollen, sollten Sie vorher auf einem Stück Papier einige Farbproben machen. Selbst dann werden Sie die entstehenden Effekte nie ganz voraussehen können. Aber Sie haben eine ungefähre Vorstellung, wie stark sie ausfallen werden.

Die Übung mit der abgestuften Lavierung (s.S. 32) zeigte bereits, wie man Farben aufhellt oder abdunkelt. Im nächsten Schritt sollen die ausgewählten Grundfarben von größter Intensität bis zum leisesten Farbklang abgestuft werden.

Beim Aquarellieren hat ein einfaches Glas Wasser eine große Bedeutung, die Sie bald zu schätzen lernen werden. Während man

GRUNDLAGEN

Dunkle und helle Farben

Ölfarben durch die Zugabe von Weiß aufhellt, entsteht Helligkeit im Aquarell durch hohe Verdünnung mit Wasser. Je mehr Wasser man der Farbe zugibt, desto mehr weißes Papier scheint durch und desto blasser wird die Farbe. Reines Weiß entsteht durch Aussparung des Papiers.

Am Anfang übertreibt man die Zugabe von Wasser oft, da die Farben auf der Palette so dunkel wirken. Nachem sie aber auf dem Papier getrocknet ist, sieht die Farbe viel heller aus. Um dann die richtige Intensität zu erlangen, müssen weitere Farbschichten aufgetragen werden. Will man eine wirklich dunkle Farbe malen (s.S. 40), muß man so verfahren. Besser ist jedoch, gleich den richtigen Farbton zu setzen. Der Schlüssel zum Erfolg liegt im Vermeiden unnötigen Übermalens.

▶ ***Dunkle und helle Farben ausmischen***
Aquarellfarben können eine riesige Breite von Farbtönen zeigen, von dunklen, satten Farben bis zu einem Hauch von Farbe. Die rechts gezeigten Farben sind sehr intensiv, nur mit etwas Wasser zum Auftragen gemischt. Die Farbstreifen daneben zeigen die allmähliche Verdünnung der Farben mit Wasser. Für die Mischungsverhältnisse gibt es allerdings keine ›Rezepte‹. Das lernt man nur durch Übung.

Trockene und nasse Farbe

*Aquarellfarben in ihrer endgültigen Erscheinung nach dem Trocknen richtig einzuschätzen, fällt auch dem geübten Maler nicht leicht. Zwischen der trockenen Farbe **1** und der noch feuchten **2** besteht ein beträchtlicher Unterschied. Bei manchen Farben fällt dieser Kontrast sogar noch stärker aus, denn jede Farbe hat andere Eigenschaften.*

Kadmiumrot

Alizarinkarmesin

Zitronengelb

Kadmiumgelb

Coelinblau

Ultramarinblau

Chromoxidgrün feurig

Lichter Ocker

Umbra natur

Payne's Grau

Als nächstes mischen wir aus den Grundfarben (s. S. 23) neue Farbtöne. Aus nur zehn Ausgangsfarben lassen sich viele neue Farbtöne mischen, wie die Tabelle zeigt. Die dort gezeigten Farbtöne sind alle aus nur zwei Farben gemischt. Man kann die Palette noch beträchtlich erweitern, indem man drei Farben mischt. Mehr als drei sollte man aber nie mischen.

GRUNDLAGEN

Farbe mischen

Solche Tabellen dienen der schnellen Übersicht. Auf eigene Experimente sollte man jedoch nicht verzichten. Zunächst folgt aber eine kurze Übersicht über die wichtigsten Begriffe der Farbenlehre.

Die Primärfarben Blau, Gelb und Rot lassen sich durch Ausmischen anderer Farben nicht herstellen. Sekundärfarben dagegen entstehen aus der Mischung von je zwei Primärfarben – also etwa Grün aus Blau und Gelb. Tertiärfarben schließlich werden aus einer Primär- und einer Sekundärfarbe gemischt, beinhalten also alle drei Primärfarben.

Sekundär- und Tertiärfarben kann man auch in bestimmten Farbtönen kaufen. Drei davon befinden sich auf der Grundpalette: Chromoxidgrün feurig, Umbra natur und Payne's Grau. Eine größere Vielfalt erzielt man allerdings durch eigenes Ausmischen – und es macht mehr Spaß!

▶ *Die richtigen Primärfarben wählen*
Die Grundpalette enthält mehr als nur eine Primärfarbe, denn die Künstlerpigmente umfassen viele verschiedene Versionen. Einer der beiden Rottöne tendiert zum Beispiel leicht nach Blau. Mit Ultramarinblau gemischt, das einen leichten Rotstich hat, ergibt sich ein schönes Violett. Um intensive Sekundärfarben zu mischen, sollte man also stets zwei Ausgangsfarben nehmen, die eine ähnliche farbige Ausrichtung haben (man spricht dabei auch von Farbtemperatur, also von Kalt [Blau] oder Warm [Rot]).

▶ *Mischungen aus zwei Farben*
Die Tabelle zeigt alle Farben der Grundpalette (oben und links), die jeweils im Verhältnis 1:1 mit einer anderen gemischt sind. Beim Experimentieren mit Farbmischungen werden Sie bald feststellen, wie sehr Mischungsverhältnisse die Farbtöne verändern und wie sehr sich die einzelnen Farben in der Intensität und in der Farbkraft unterscheiden. Vergleichen Sie die Mischung aus Payne's Grau und Coelinblau ganz rechts mit Payne's Grau, so werden Sie kaum einen Unterschied bemerken. Das rührt daher, daß Coelinblau eine relativ schwache und Payne's Grau eine starke Farbe ist.

▼ *Intensive Sekundärfarben ausmischen*

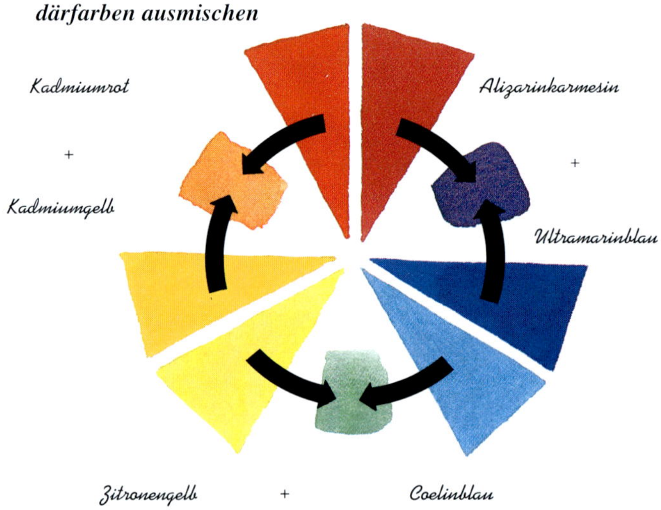

▼ *Gedämpfte Sekundärfarben ausmischen*

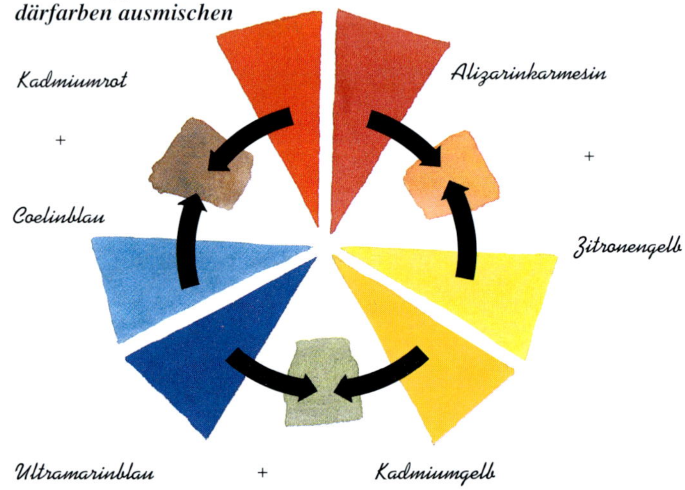

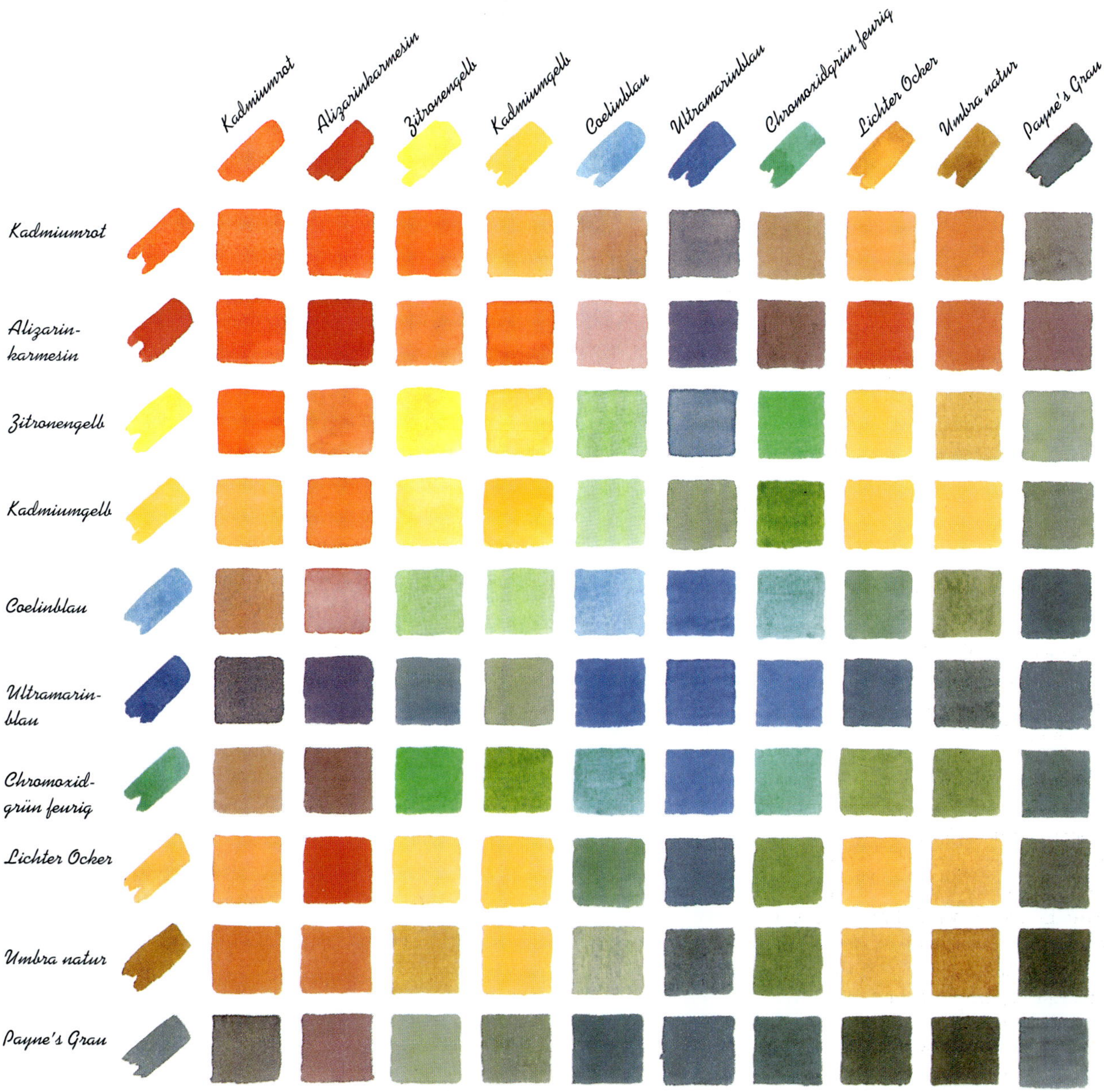

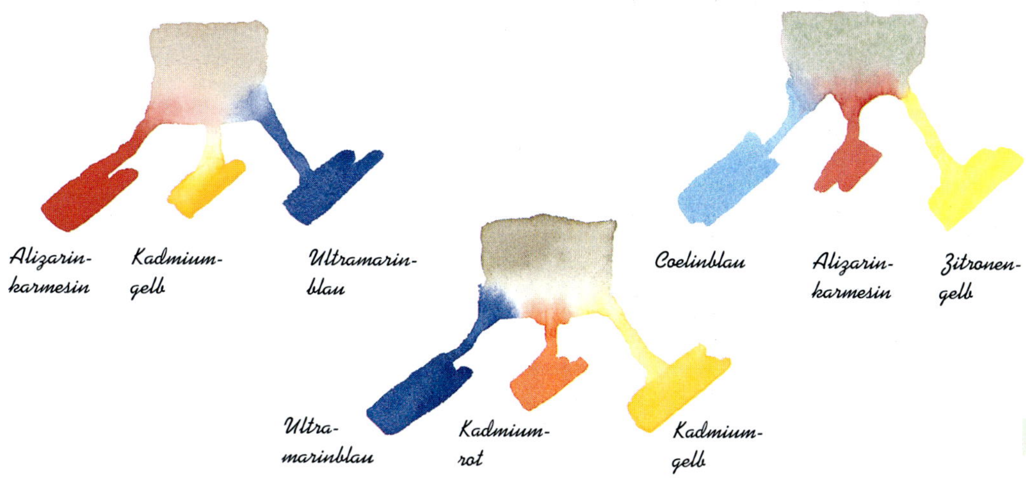

▶ ***Mischungen aus drei Farben***
Primärfarben und ihre Sekundärmischungen sind hell und intensiv. Alle drei Primärfarben gemischt ergeben jedoch eine neutrale Farbe, die oft interessanter wirkt als eine Mischung von zwei Sekundärfarben. Hier wurde eine kleine Menge einer dritten Primärfarbe (in der Mitte) einer Mischung zweier anderer Primärfarben zugefügt.

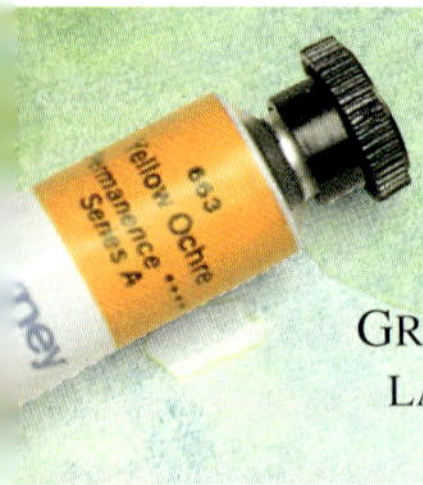

GRUNDLAGEN

Farben überlagern

Da Aquarellfarben transparent sind, kann man einen Farbton durch Überlagern mit einer anderen Farbe nicht aufhellen, sondern nur abdunkeln. Ebenfalls wegen ihrer Transparenz kann man beim ersten Auftrag keinen wirklich dunklen Farbton erzielen, da das weiße Papier immer etwas durchscheint. Dunkle Farben lassen sich nur durch Überlagern mit mehreren Farbschichten schaffen. Diese Methode des Bildaufbaus – Naß auf Trocken genannt – ist eine Grundtechnik des Aquarells. Eine andere ist die Naß-in-Naß-Technik (s. S. 64).

Meist werden nur kleine Stellen im Bild übermalt. Für große Flächen ist diese Technik weniger geeignet, da sich die darunterliegende Farbschicht wieder anlösen kann. Allerdings muß man auch bei kleinen Stellen vorsichtig sein. Jede neue Farbe muß rasch mit möglichst wenig Pinseldruck aufgelegt werden. Viel mehr als vier Schichten sollte man nicht auftragen, da sonst die Brillanz verlorengeht, die zu den schönsten Aspekten des Aquarells zählt.

Man kann durch Übermalen auch den Farbton verändern, indem man die Farben auf dem Papier statt auf der Palette mischt. Wie die Beispiele zeigen, läßt sich der Farbton durch Übermalen von dunklen mit hellen Farben eindeutig verändern. Das nimmt dem Anfänger die Sorge, daß in einem Aquarell nichts mehr verändert werden kann. Verlassen Sie sich dennoch nicht zu sehr aufs Übermalen – es ist immer noch besser, von Anfang an den richtigen Farbton zu treffen.

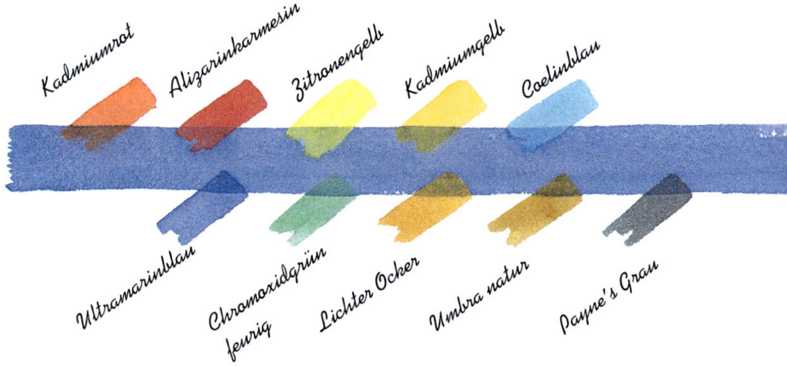

▲ ***Relative Transparenz*** *Aquarellfarben sind zwar relativ transparent, doch unterscheiden sie sich in ihrer Transparenzfähigkeit erheblich. Die etwas deckenderen Farben in der Grundpalette sind Coelinblau, Zitronengelb und Lichter Ocker. In einer intensiven Farblösung aufgetragen, hellen diese Farben den Tonwert einer darunterliegenden dunkleren Farbe auf.*

Granulation

Beim Mischen von Farben auf der Palette oder beim Überlagern auf dem Papier entstehen oft Sprenkeleffekte. Das wird von Pigmenten verursacht, die sich während des Mischens vom Wasser trennen (Ausfällen). Zunächst fragt man sich, was falsch gelaufen ist, doch man kann diesen Effekt sehr wirkungsvoll einsetzen, etwa bei der Darstellung von Texturen oder um eine Lavierung zu beleben.

▼ *Die in der Farbprobe links unten über Ultramarinblau aufgetragenen Farben sind von oben nach unten: Lichter Ocker, Coelinblau und Alizarinkarmesin. Die rechts über Kadmiumgelb gelegten sind: Ultramarinblau, Coelinblau und eine Mischung von Umbra natur und Kadmiumgelb.*

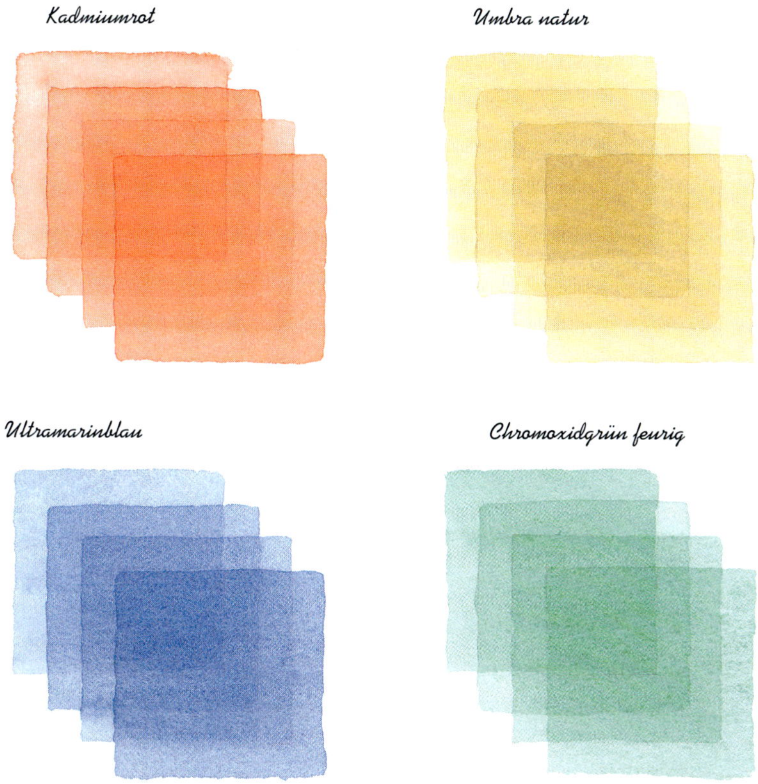

◀ Übermalen zum Abdunkeln der Farbe
Im Aquarell werden die Farben eigentlich immer übermalt. Die daraus entstehenden scharfen Ränder gehören zu den charakteristischen Eigenschaften dieser Technik. Die erste Farbschicht muß vollkommen trocken sein. Malen Sie die nächste Schicht immer so rasch wie möglich auf, damit die untere nicht wieder angelöst werden kann.

◀ Farben überlagern
Man kann einen Farbton durch Übermalen mit einer anderen Farbe zwar verändern, immer aber wird der erste Farbton mitsprechen. Die neue Farbe wird wie eine Mischung aus beiden beteiligten Farben aussehen.

◀ Hell über Dunkel
Eine helle Farbe, die über eine dunkle aufgetragen wird, bleibt immer sichtbar. Der Farbton der darunterliegenden Farbe ändert sich, kaum aber ihr Tonwert, d.h. die Helligkeit oder Dunkelheit einer Farbe. Dies geschieht erst beim Übermalen mit einer stärker deckenden Farbe.

Ein gelungenes Aquarell wirkt sehr spontan und zieht daher viele Leute an. Paradoxerweise läßt sich die Spontaneität oft nur durch sorgfältige Planung schaffen.

Bevor man eine Landschaft, ein Figurenbild oder einfach einen Gegenstand auf einem Tisch zu malen anfängt, muß man sich genau überlegen, wo die erste Lavierung erfolgen soll. In einem Landschaftsbild wird man die erste gleichmäßige oder abgestufte Lavierung wohl für die Himmelszone anlegen. Also muß man zunächst den Horizont festlegen. Stehen dort Bäume, Häuser oder Berge, die in den Himmel ragen? Die Lavierung muß dann um einige Stellen herumgeführt werden. Man fertigt daher am besten zuerst eine Zeichnung an.

Das mag lästig erscheinen, ist aber wichtig, denn ein Grundgerüst in Bleistift gibt dem Bild mehr Halt. Die Zeichnung sollte aber nicht zu detailreich sein. Eine einfache Umrißzeichnung genügt völlig. Schattierungen scheinen durch die Aquarellfarben und sollten daher vermieden werden.

Nehmen Sie einen nicht zu harten oder zu weichen Bleistift, 2B ist eine gute Wahl. Mit einem weichen Plastikradierer oder einem Knetgummi lassen sich Fehler ausmerzen. Gerade Linien, etwa für Häuser, können Sie ruhig mit dem Lineal ziehen. Mit dem Lineal gezogene Linien sieht man später im fertigen Aquarell kaum.

Lavierungen planen

Verschiedene Methoden

Eine Vorzeichnung gehört zu den wichtigen Schritten beim Malen eines Bildes, doch folgt jeder Künstler dabei seiner eigenen Methode. Das zeigt der Vergleich der beiden Künstler auf den folgenden Seiten. Jeder ging auf ganz eigene Weise an das gleiche Motiv heran. Sehen Sie oben die Arbeit von John Lidzey und die von Hazel Soan darunter.

▶ *Wie würden Sie beim Malen dieser Becher vorgehen? Versuchen Sie das Foto zu kopieren. Die vorgeschlagene Methode brauchen Sie natürlich nicht sklavisch zu übernehmen.*

● Machen Sie eine Umrißzeichnung in Bleistift. Seien Sie bei den etwas schwierigeren Teilen, wie den Henkeln und Öffnungen der Becher, besonders sorgsam.

● Zeichnen Sie einige wichtige Falten und Schatten des Tischtuchs. Die Linien scheinen durch die erste Lavierung und dienen als Leitlinie, wenn die Farbschichten dunkler werden.

● Legen Sie eine blaue Lavierung über den gesamten Hintergrund. Vielleicht ist es leichter, das Malbrett umzudrehen und mit der schwierigen Kante zu beginnen.

● Lassen Sie die Hintergrundlavierung trocknen und legen Sie einzelne Lavierungen für jeden Becher an. Lassen Sie das Bild gut trocknen, bevor Sie dunklere Farben aufbauen.

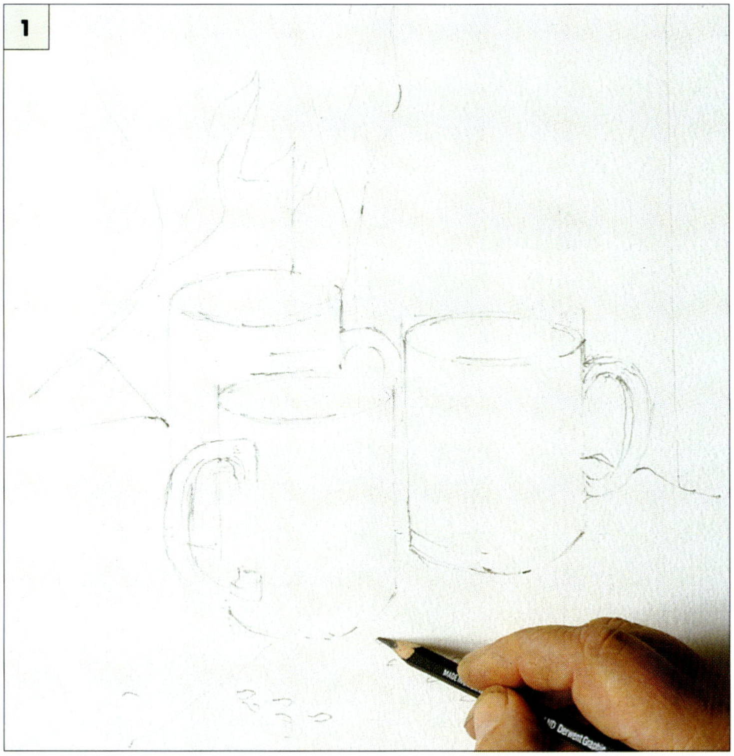

John Lidzey
__1__ Lidzey verwendet einen sehr spitzen 4B-Bleistift für diese Vorzeichnung. Die Linien werden später von den dunklen Farben überlagert.

__2__ Als nächstes legt er eine bewußt ungleichmäßige Lavierung für den Hintergrund an. Eine glatte Lavierung wäre hier nicht passend, da Licht und Schatten auf dem Stoff wiedergegeben werden sollen. Die Lavierung läßt er trocknen, bevor die Becher gemalt werden.

weiter ☞

Hazel Soan
__1__ Die Malerin verändert die Komposition, indem sie einen der Becher auf die Seite legt. Mit einem 2B-Bleistift macht sie eine leichte Vorzeichnung.

__2__ Bevor die Farben der Becher festgelegt worden sind, bleibt der Hintergrund unbemalt. Das für den Schatten ausgewählte Blau wird später mit anderen Farben übermalt.

weiter ☞

3 *Nachdem die Lavierungen in Rosa und Gelb auf den Bechern getrocknet sind, legt der Künstler eine graue Lavierung an. In die noch feuchte Farbe tupft er vorsichtig dunkleres Grau ein, um einen weichen Schatteneffekt zu erzielen.*

4 *Auf dem rosafarbenen Becher gibt es einen starken Kontrast zwischen hellen und dunklen Stellen. Mit der Naß-auf-Trocken-Technik legt der Künstler daher ein Rosa-Grau über den ersten hellen Farbton.*

3 *Die für die Becher verwendeten Rosa- und Gelbtöne wurden mit blauen Schattierungen übermalt (s. S. 43). Alle Farbtöne sind nun angelegt und werden im Laufe des Malprozesses weiter vertieft.*

4 *Nach dem Malen der Becher legt die Malerin einen gelben Tupfer in den Hintergrund, um einen Lichtreflex anzudeuten. Nun malt sie den Schatten auf dem Becher in einer Farbe, die sich mit dem Hintergrund verbindet.*

5 *Die schattigen Seiten der Becher wurden mit dunklen Farben in noch feuchte Lavierungen gearbeitet. Diese Naß-in-Naß-Technik (s. S. 64) ist ideal für weiche Effekte. Die Henkel der Becher brauchen einen scharfen Rand, der durch eine dunkle Farbe über einer trockenen Lavierung geschaffen wird. Der im ganzen Bild auftretende Kontrast zwischen weichen und harten Rändern ist ein Kennzeichen für die Arbeit dieses Aquarellmalers.* ❑

5 *Auch wenn man die Lavierung für den Hintergrund zuerst angelegt hat, muß man vielleicht später noch einige Stellen überarbeiten, wenn die Gegenstände gemalt sind. Das helle Rosa des Bechers braucht einen Kontrast. Daher wird dahinter ein tiefes Blau gemalt. Die Formen der Becher wurden mit mehreren Lavierungen herausgearbeitet, wobei die hellen Lichter auf den Rändern sorgfältig ausgespart wurden (s. S. 46–49 zum Thema der Lichter).* ❑

Aquarellfarben erhalten ihre Leuchtkraft durch den weißen Grund, der das Licht durch die dünnen Farbschichten reflektiert. Dieses Reflektionsvermögen ist für das Setzen von Lichtern wichtig. Man kann zwar Lichter mit Deckweiß aufsetzen, die hellsten Lichter erhält man aber durch Aussparen des weißen Papiers. Die auszusparenden Stellen müssen vorher festgelegt und eventuell genau vorgezeichnet werden. Auf der gebogenen, reflektierenden Oberfläche einer Glasvase sieht man mehrere kleine Lichter, die man möglichst genau festlegen muß, denn sie bestimmen auch die Form der Vase. Ein Licht in einer Landschaft kann andererseits eine einfache Form sein, etwa ein weißes Haus, was kaum Schwierigkeiten macht.

Spart man Lichter aus, bilden die anliegenden Lavierungen einen klaren, scharfen Rand. Das sieht zwar effektvoll, aber nicht unbedingt natürlich aus. Eine runde Form hat meist ein weicheres Licht. In solchen Fällen kann man die Ränder entweder vor oder nach dem Trocknen mit einem Pinsel oder einem kleinen Schwamm, den man in sauberes Wasser getaucht hat, leicht verwischen.

GRUND-
LAGEN

Lichter schaffen

Tips für Lichter

Wenn man mit dem Aussparen des weißen Grundes noch unsicher ist, kann man die betreffenden Stellen auch mit Abdeckflüssigkeit (s. S. 49 und 80) abdecken, einer dicken gummiartigen Lösung, die im Fachhandel in kleinen Flaschen verkauft wird.

Winzige Lichter wie auf Grashalmen können allerdings weder ausgespart noch mit Abdeckflüssigkeit hergestellt werden. Hier gibt es eine einfache Methode: Man kratzt die Farbe an der entsprechenden Stelle mit einem scharfen Messer, etwa einem Teppichmesser, wieder ab.

Verschiedene Methoden

Jeder Künstler hat für das Setzen von Lichtern seine eigene Technik. Der eine will klare, deutlich umrissene Lichter, der andere sucht eher eine weichere Wirkung.

▼ *Setzen Sie das untenstehende Foto in ein Aquarell um. Versuchen Sie dabei, Lichter durch Aussparen zu malen.*

Bei schwierigen kleinen Stellen verwenden Sie Abdeckflüssigkeit wie auf S. 80 gezeigt.

● Zeichnen Sie die Lage der Lichter auf der Teekanne vor und lavieren Sie dann vorsichtig um diese Stellen herum.

● Das Licht auf der blauen Schale reflektiert das Gelb des Bechers. Sparen Sie zunächst diese Stelle als weißes Papier aus, das von dunkelblauen Lavierungen umgeben ist, und legen Sie dann einen Tupfer Gelb über das Weiß.

● Das Licht auf dem gelben Bechergriff kann weiß gelassen werden. Falls das im Vergleich zu den umgebenden Farben zu grell erscheint, legen Sie noch eine hellgelbe Lavierung darüber.

● Die Lichter auf dem Vorhang können ebenfalls weiß gelassen oder in der Technik bearbeitet werden, die für die blaue Schale vorgeschlagen wurde.

John Lidzey

1 *Mit Hilfe einer guten Vorzeichnung lassen sich die Lichter genau festlegen. Vor allem auf runden Gegenständen sind Lichter für die Formgebung wichtig.*

2 *Vier verschiedene Lavierungen wurden vorsichtig um die auszusparenden Lichter herum angelegt. Das Lavieren um kleine Stellen wird durch Umdrehen oder Seitwärtshalten des Malbrettes erleichtert.*

3 *Manchmal ist es nötig, das Setzen von Lichtern zu vereinfachen. Vergleichen Sie diese Phase des Aquarells mit dem Foto, um zu sehen, wie der Künstler das zentrale Licht auf der Teekanne eingesetzt hat.*

weiter ☞

Hazel Soan

1 *Die Form des zentralen Lichtes wird leicht auf der Vorzeichnung skizziert.*

2 *Das Licht soll eine zentrale Stelle im Bild einnehmen. Daher wird die Teekanne zuerst gemalt. Die Künstlerin möchte die scharfen Ränder der reflektierenden Teekanne als Blickfang inszenieren.*

3 *Der Hintergrund und alle anderen Gegenstände wurden mit den nötigen Lichtern versehen, die als Aussparungen oder helle Lavierungen sichtbar sind. Nun werden die dunkleren Farben aufgebaut.*

weiter ☞

4 Das Licht auf der Teekanne ist genau eingesetzt, wenn auch nicht so scharf wie im Aquarell der anderen Künstlerin. Auch die Lichter auf Henkel und Rand der Schale sind gut gesetzt.

5 Das Licht auf der Schale bildet eine interessante Form. Daher hat es der Künstler etwas übertrieben dargestellt. Da das Gelb des Bechers in der Schale reflektiert wird, wurde die gleiche Farbe für das Licht verwendet. ❑

4 Das weichere Licht auf der Tülle der Teekanne entstand durch eine Aussparung der helleren Farbe, das heißt, dunkle Lavierungen wurden um die erste helle rosa-braune Lavierung herum gemalt.

5 Die weißen Lichter ergeben eine ansprechende Struktur. Vor dem Malen hat die Künstlerin die Teekanne so lange umgestellt, bis sie das Licht in einem interessanten Muster einfing. ❑

Natürlich sind nicht alle Lichter rein weiß. Viele haben einen blasseren Farbton als die Farbe des Gegenstands. Auch hier bietet sich die Ausspartechnik an: Man legt eine helle Lavierung an und setzt dunklere Farben um das Licht. Es gibt dafür aber auch zwei gute Alternativen, bei denen man das Licht bis zuletzt aufhebt: Die eine ist das Aufsetzen von leicht verdünntem Deckweiß oder Gouacheweiß. Das Weiß wird von der darunterliegenden Farbe leicht absorbiert und erzeugt einen weichen Lichteffekt, der besonders auf matten Oberflächen vorteilhaft ist. Die andere Möglichkeit ist das Abheben der noch feuchten Farbe mit einem kleinen Schwamm oder einem Lappen. Damit kann man zwar keine so präzisen Lichter wie mit dem Aussparen oder der Abdeckflüssigkeit schaffen, doch ist diese Technik für weiche, verschwommene Lichter gut geeignet.

Vier alternative Methoden

1 *Hier wurde Abdeckflüssigkeit verwendet, um die Lichter auf Rand und Henkel zu setzen. Tragen Sie die Flüssigkeit auf, lassen Sie sie gut trocknen und malen Sie dann darüber. Sobald die Farbschicht trocken ist, können Sie die erstarrte Haut einfach mit dem Finger oder einem Radiergummi abreiben.*

2 *Feinere Lichter sind mit der Abdeckflüssigkeit nur schwer anzulegen. Einfacher geht es mit Deckweiß.*

3 *Nicht alle Lichter sind scharf und deutlich zu sehen. Auf matten Oberflächen sind sie eher weich. Diese Lichter gibt man mittels Abheben wieder. Mit dem Zipfel eines weichen Tuches wird leicht in die noch feuchte Farbe getupft. Dazu kann man auch einen Schwamm verwenden oder für kleine Stellen die Spitze eines Pinsels.*

4 *Feine Lichter lassen sich auch mit einem Messer aus der trockenen Farbe kratzen. Das tut man zum Schluß, da das aufgerauhte Papier nicht mehr übermalt werden kann.* ❑

Die Form jedes beliebigen Gegenstands, sei es eine Teetasse, ein Baum oder ein menschliches Gesicht, wird vom Licht definiert, das darauf fällt. Die hellsten Stellen werden direkt vom Licht getroffen; die dunklen, schattigen sind die lichtabgewandten Stellen.

Alle Gegenstände werfen Schatten, indem sie die ankommenden Lichtstrahlen blockieren. Schattenwürfe werden noch genauer besprochen. Doch zunächst wollen wir versuchen, Gegenstände durch Licht und Schatten plastisch wiederzugeben.

Feuchtet man das Papier nicht vorher an, trocknen Lavierungen mit scharfen Rändern. Bei der Darstellung von Gebäuden oder einem Tisch mit starken Hell-Dunkel-Kontrasten mag das hilfreich sein. Weniger praktisch ist es bei einem runden Gegenstand mit weichen Übergängen im Hell-Dunkel-Bereich. Das Problem können Sie aber durch Anlage von zwei oder mehr Lavierungen lösen, die nebeneinander aufgetragen und leicht miteinander vermalt werden. Übertreiben Sie das aber nicht. Zu viele vermalte Lavierungen sehen schmutzig und unschön aus. Bestimmen Sie zunächst den dunkelsten Tonwert richtig. Vielleicht machen Sie auch erst einmal einige Farbproben auf einem Stück Papier und halten sie neben den Gegenstand, um die dunkelste Farbe richtig einzuschätzen.

GRUNDLAGEN

Licht und Schatten

Modellieren der Form

Jeder Gegenstand muß entsprechend seiner Form wiedergegeben werden. Man kann zum Beispiel einen Tisch, der harte Kanten hat, nicht mit fließenden Farbverläufen darstellen. Die folgenden Beispiele zeigen, wie die beiden Künstler drei sehr unterschiedliche Gegenstände umgesetzt haben.

Tonwerte einschätzen

Zuerst müssen Sie die dunklen Tonwerte im Verhältnis zu den hellen richtig einschätzen. Das hilft Ihnen bei der Entscheidung über die Intensität der Lavierungen. Tonwerte richtig einzuschätzen ist nicht leicht, da das Auge zuerst die Farben wahrnimmt. Hilfreich ist, die Augen halb geschlossen zu halten.

Üben Sie einmal, Gegenstände in Ihrer Vorstellung in Schwarz-Weiß-Fotos umzusetzen.

Farben vermalen
Die Intensität des Lichteinfalls und die Textur des Gegenstands bestimmen den Hell-Dunkel-Kontrast. Die Terrakotta reflektiert nicht sehr viel Licht. Daher sind die Kontraste ziemlich schwach.

1 *Der Künstler legt eine rosa-braune Lavierung an und malt dunkle Farben in die noch feuchte Farbschicht. Die Textur wird mit Flecken in Dunkelgrün wiedergegeben, die in sehr helles Gelb getropft werden.*

2 *Da er die ersten Lavierungen nicht ganz trocknen ließ, verschmelzen die dunklen Farben mit den helleren und ergeben eine weiche Farbwirkung.*

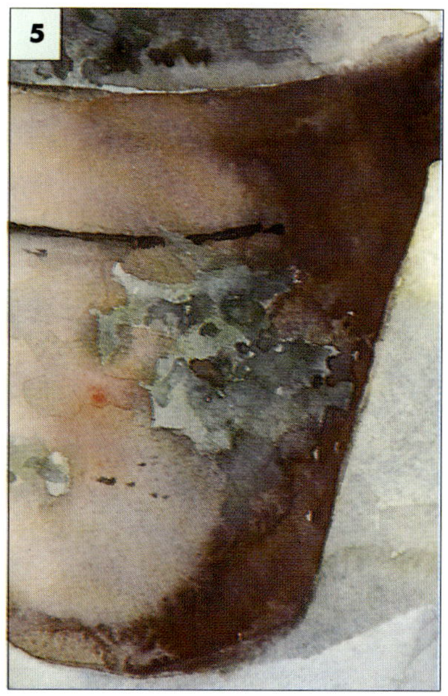

3 *Nun werden die Farben auf dem Blumentopf bis auf einen kleinen Streifen heller Farbe auf dem Rand verstärkt. Mit der Pinselspitze werden die Farben leicht ineinander vermalt.*

4 *Der Blumentopf ist schon sehr plastisch. Die Farben wurden vermalt, aber nicht ›totgemalt‹. Die einzigen harten Ränder sind der Topfrand und der helle Streifen auf der linken Seite.*

5 *Solche Textureffekte dürfen nicht dominieren. In Schritt 4 waren die Grundfarben zu hell. Daher wurden später noch einmal dunkelblaue Tupfer aufgetragen.*

Harte Kanten malen
Auf runden Gegenständen gehen die dunklen Partien allmählich in helle über. Bei einem viereckigen Gegenstand wie diesem Messerhalter sind die Kontraste deutlicher. Die schattige Seite kann verblüffend dunkel wirken.

1 *Obwohl die schattigen Seiten viel dunkler als die vom Licht getroffenen sind, ist die vorherrschende Farbe ein Gelb-Braun. Eine helle Lavierung wird über fast den ganzen Gegenstand und den Hintergrund gelegt.*

2 *Bei deutlichen Kanten muß jede Lavierung vor dem nächsten Auftrag gründlich trocknen. Wenn das Papier zu feucht ist, kann die Schattenfarbe in die hellen Stellen ›ausbluten‹ und den Effekt verderben.*

3 *Wie beim Blumentopf auf der vorigen Seite ist auch die Textur dieses Gegenstands ein lohnendes Motiv. Ohne Andeutung der Holzstruktur sähe das Bild auch zu steif aus.*

4 *Die Holzmaserung malt man mit der Pinselspitze. Die erste Lavierung, in Schritt 2 ungleichmäßig aufgetragen, wird übermalt, damit die farbigen Veränderungen realistisch aussehen.*

5 *Die Intensität der Farben für die Holzmaserung wurde sorgfältig gewählt. Sie dürfen auf der vom Licht getroffenen Fläche nicht zu sehr dominieren.*

Reflektierende Oberflächen malen
Reflektierendes Metall schafft kräftige Lichter und dunkle Schatten. Dieser Cocktail-Shaker reflektiert zudem alles in seiner Umgebung, was zu einem verwirrenden Spiel von Formen und Farben führen kann.

1 *Zuerst wird der Hintergrund angelegt. Etwas von dieser Farbe wird auf den Shaker gemalt, der Rest bleibt weiß.*

2 *Bei der Verwendung starker Kontraste sollte man zuerst die dunkelsten Tonwerte anlegen. Wenn die dunkelsten und die hellsten Farben gesetzt sind, lassen sich die mittleren Tonwerte leichter finden.*

3 *Der leicht gebogene Schatten am Fuß unterstützt die Formgebung und wird früh eingesetzt. Das hier verwendete Payne's Grau muß mit viel Wasser verdünnt werden.*

4 *Die meisten Schatten und Lichter sind scharf umrissen, es gibt aber auch weiche Reflexe. Mit einem Wattebausch lassen sie sich abheben, um sanftere Lichter und Übergänge zu schaffen.*

5 *Spiegelnde Oberflächen können viele Farben reflektieren. In diesem Fall wurden Rosa-, Rosa-Braun- und Grau-Grüntöne mit weißen und fast schwarzen Tönen verwendet.*

Schatten sind in einem Bild aus zwei Gründen von großer Bedeutung. Zum einen dienen sie als Verankerung, sie ›binden‹ den Gegenstand an die Standfläche. Wenn Sie etwa einen Krug auf einem Tisch malen und den Schatten unter ihm weglassen, sieht es so aus, als ob der Krug im Raum schweben würde. Zum anderen machen Schatten die Komposition des Bildes interessanter.

Verschiedene Methoden

Jeder Künstler hat wahrscheinlich seine eigene Methode, Schatten zu malen. Auch Sie werden einmal Ihre Methode finden. Schauen Sie doch erst einmal zu, wie unsere beiden Künstler das Problem bewältigen.

GRUND-LAGEN

Schatten-würfe

▼ *Setzen Sie das Foto in ein Aquarell um, ohne sich an Vorgaben zu halten. Falls Sie mit dem Ergebnis nicht zufrieden sind, probieren Sie die rechts gezeigten Schritte aus.*

In einem Stilleben können Schattenwürfe Verbindungen zwischen den Gegenständen schaffen. In einer Landschaft lassen sich aus den Schatten der Bäume im Winter oder den gesprenkelten Effekten in einem Sommerwald interessante Muster gestalten. Schatten haben ihre eigene Farbigkeit! Anfänger malen sie oft einfach braun oder grau, was sie aber nur selten sind. Versuchen Sie einmal, Blau-, Grün- oder Violetttöne in Schatten zu entdecken.

Es gibt zwei Möglichkeiten, Schatten zu malen. Nehmen Sie als Beispiel den Schatten auf einer gemusterten Tischdecke. Zuerst sollte man die Tischdecke mit dem Muster malen. Nach dem Trocknen malt man dann den Schatten darauf. Selbst wenn der Schatten ziemlich dunkel ist, schimmern die Farben darunter durch. Soll die Tischdecke zwar farbig, aber ungemustert sein, kann man ebenso verfahren wie beim ersten Beispiel. Doch gibt es auch die Möglichkeit, zwei verschiedene Lavierungen – eine für den Schatten und eine für die hellen Partien – mit weichen Übergängen zu vermalen. Wahrscheinlich fällt Ihnen die erste Methode leichter. Aber arbeiten Sie nicht zu viele Lavierungen ein, da sonst die Leuchtkraft verlorengeht.

● Die Farbe des Schattens wird von der Oberflächenfarbe beeinflußt.

● Die Form des Schattens ist der des Gegenstandes ähnlich.

● Von der Seite einfallendes Licht bildet kräftige, klare Schatten.

● Je näher die Schatten am Gegenstand sind, desto dunkler werden sie.

1

2

John Lidzey

1 *Schatten haben oft einen Blau- oder Grünschimmer. Ihre Farbe ist jedoch immer der Farbe der Oberflächen verwandt, auf die sie fallen. Lidzey malte die Hauptfarbe zuerst, so daß etwas davon durch die Schattenfarbe hindurchscheint.*

2 *Über Gelb wird Blau-Grau gemalt, ebenso auf die Seite der Vase. Die dunklen Schatten liegen direkt unterhalb des Gegenstands. Um den weicheren Effekt am Ende wiederzugeben, wurde die blaue Lavierung vorsichtig in das Gelb vermalt.* ❑

1

2

Hazel Soan

1 *Hier wurden zuerst die Schatten gemalt. Wieder wurde für den Schattenwurf und die dunkle Seite der Vase dieselbe Farbe genommen. Da Tuch wie auch Vase gelblich sind, sind auch die Schatten in der Farbe ähnlich.*

2 *Diesmal wurde das gelbe Tuch um den Schatten herum gemalt. Im Vordergrund wird er unterhalb der Vase vom Gelb überlagert. Der weiche Rand am Ende des Schattens wurde durch Verdünnung mit Wasser erzielt.* ❑

Die Entscheidung zu treffen, wo und wie man ein Bild anfängt, fällt oft nicht leicht. Wegen der Transparenz der Farben lautet die Grundregel beim Aquarell: von Hell nach Dunkel arbeiten. Man beginnt mit den hellsten Farben, da man ja die Farben nur durch Überlagern dunkler machen kann. Das heißt aber nicht, daß man mit dem hellsten Teil des Bildes anfangen muß.

Arbeitsfolge

Da es im Aquarell keine strengen Regeln gibt, macht der Anfang oft Kopfzerbrechen. Die Diagramme zeigen eine mögliche Reihenfolge der Arbeitsschritte an: Man beginnt mit den hellsten Stellen und schließt mit den dunkelsten ab.

Wo fange ich an?

Wollten Sie einen Strauß weißer Blumen in einer dunkelblauen Vase vor hellblauem Hintergrund malen, wäre die gängigste Methode, eine hellblaue Lavierung über Vase und Hintergrund zu malen, die Blumen und Lichter als weißes Papier auszusparen, alles trocknen zu lassen und dann die Vase darauf zu malen. Man kann aber auch mit der Vase beginnen und den Hintergrund darum herum malen. Manche legen zuerst dunkle Stellen im Bild an, damit sie für den Rest der Komposition einen Anhaltspunkt haben.

Welche Methode Sie auch wählen, analysieren Sie erst Ihr Motiv mittels heller und dunkler Farbblöcke. Betrachten Sie die Fotos auf diesen Seiten und überlegen Sie, welche Farben Sie zuerst anlegen würden. Dann blättern Sie auf die nächste Seite, um zu sehen, wie die Künstler dasselbe Stilleben auf ganz verschiedene Weise behandelt haben.

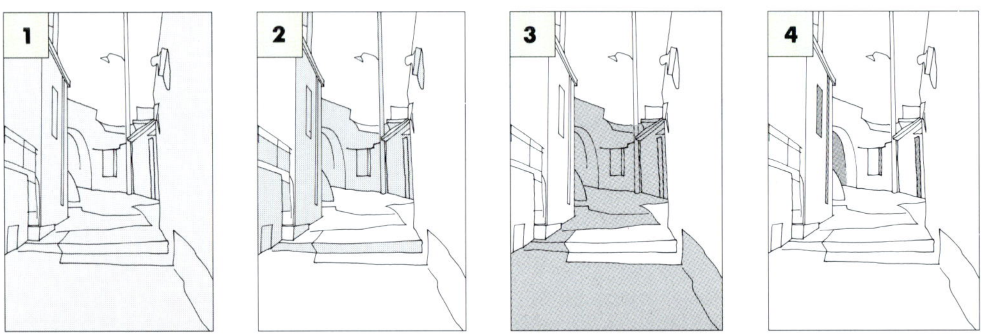

Gebäude malen

1 *Machen Sie zuerst eine Zeichnung. Malen Sie dann eine gleichmäßige oder abgestufte blaue Lavierung für den Himmel und lassen Sie sie trocknen. Legen Sie über den anderen Teil des Bilds eine sehr helle Lavierung, vielleicht in Lichtem Ocker mit ein wenig Alizarinkarmesin.*

2 *Malen Sie den schattigen Teil des Hauses. Dunkeln Sie dann die Farben in der Mitte und im Vordergrundschatten ab. Malen Sie den Lampenmast über die anderen Farben.*

3 *Legen Sie weitere dunkle Lavierungen in der Bildmitte an. Denken Sie daran, Schatten sind blaugrau. Dann fangen Sie mit den Details der Häuser an.*

4 *Fügen Sie weitere Details ein und verstärken Sie die Farben, wo es nötig ist.*

Landschaften malen

1 *Zeichnen Sie die wichtigsten Formen. Legen Sie eine helle Lavierung und eine dunklere für die Hügel an. Malen Sie ockerfarbige Lavierungen über die Hauptflächen des Bildes, aber nicht über den Fluß. Blau über Ocker wird Grün.*
2 *Die Lavierung fürs Wasser ist mittelblau.*
3 *Legen Sie grüne Flächen an, indem Sie die ockerfarbenen Lavierungen mit Blau übermalen. Beginnen Sie im Hintergrund mit hellen Lavierungen und verstärken Sie die Farbe im Vordergrund.*
4 *Nach Anlage der Flächen fügen Sie die Details ein und verstärken die Farbigkeit. Sparen Sie im Vordergrund ockerfarbene Lichter aus.*

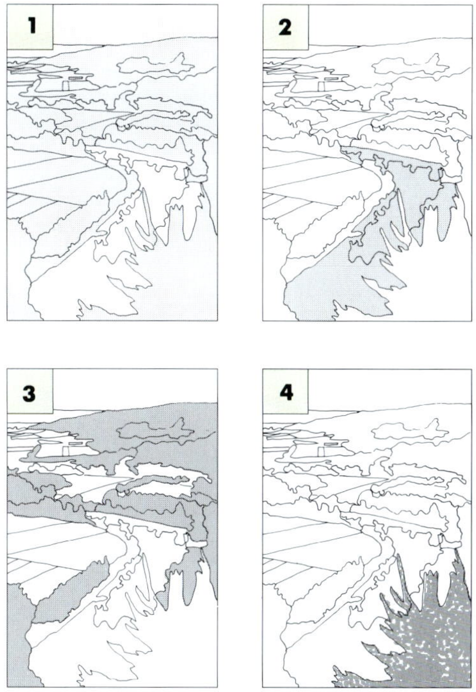

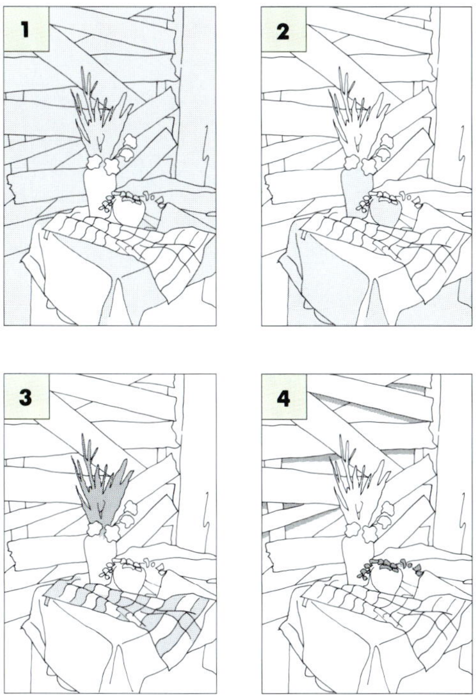

Stilleben malen

1 *Machen Sie eine Umrißzeichnung und legen Sie dann eine helle gelb-braune Lavierung für den Hintergrund an. Sparen Sie die weißen Blumen aus. Lassen Sie alles gut trocknen.*
2 *Legen Sie verschiedene Lavierungen für die Vase und den blauen Topf an.*
3 *Skizzieren Sie das gemusterte Tuch mit Blau und sparen Sie die weißen Felder aus. Legen Sie die wichtigsten Teile der Blätter an und malen Sie einzelne Blätter über die Hintergrundlavierung.*
4 *Setzen Sie Details ein und dunkeln Sie, wo nötig, die Farbe weiter ab.*

John Lidzey

1 *Das komplizierte Motiv macht eine genaue Vorzeichnung erforderlich. Der Künstler gibt sich selbst Leitlinien für die Formen der Blumen und das Muster des Tuches vor.*

2 *Als die Lavierungen im Hintergrund trocken waren, legte eine helle rosa-braune Lavierung für die Vase an und tupfte sie mit einem Wattebausch ab, um weiche Lichter zu schaffen.*

Hazel Soan

1 *Die Künstlerin will die verschiedenartigen Blätter darstellen. Sie deckt nach der Vorzeichnung die Blätter vor den ersten Lavierungen mit Abdeckflüssigkeit ab. Der Hintergrund bleibt noch unbemalt.*

2 *Jedes Motiv wird von ihr in der gleichen Weise behandelt. Sie beginnt mit dem Einsetzen der Schattenpartien in Hellblau und legt dann im Laufe des Malprozesses die anderen Farben darüber.*

3 *Nachdem der blaue Topf angelegt ist und der gelbe Hintergrund hinter den weißen Blumen verstärkt wurde, malt der Künstler die Blätter.*

4 *Er verwendet dunklere Farben und vermalt sie naß in naß, um die Form der Vase zu modellieren. Es ist einfacher, die Intensität der Farben einzuschätzen, wenn bereits einige dunkle Farben gesetzt worden sind.*

weiter ☞

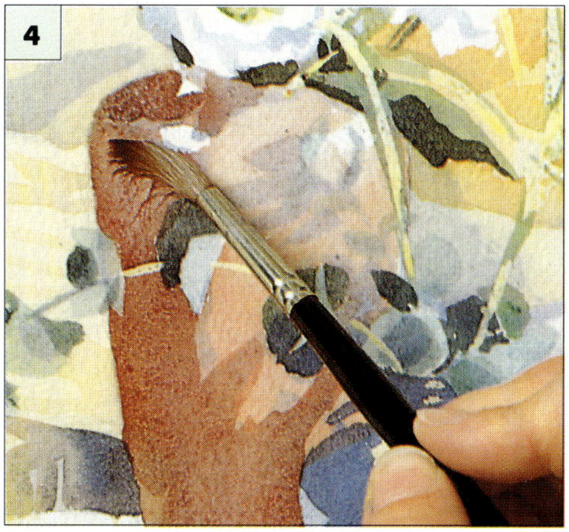

3 *Der gelbe Hintergrund wurde über die blaue ›Untermalung‹ gemalt. Die weißen Blumen wurden ausgespart. Durch das Überlagern verschiedener Farben entstehen Mischtöne, wie man an der Vase und im Schatten sieht.*

4 *Blumen und Blätter wurden mit Details versehen. Nun wird die Vase stellenweise dunkler gemalt, ohne die Ränder der Lichter zu beeinträchtigen.*

weiter ☞

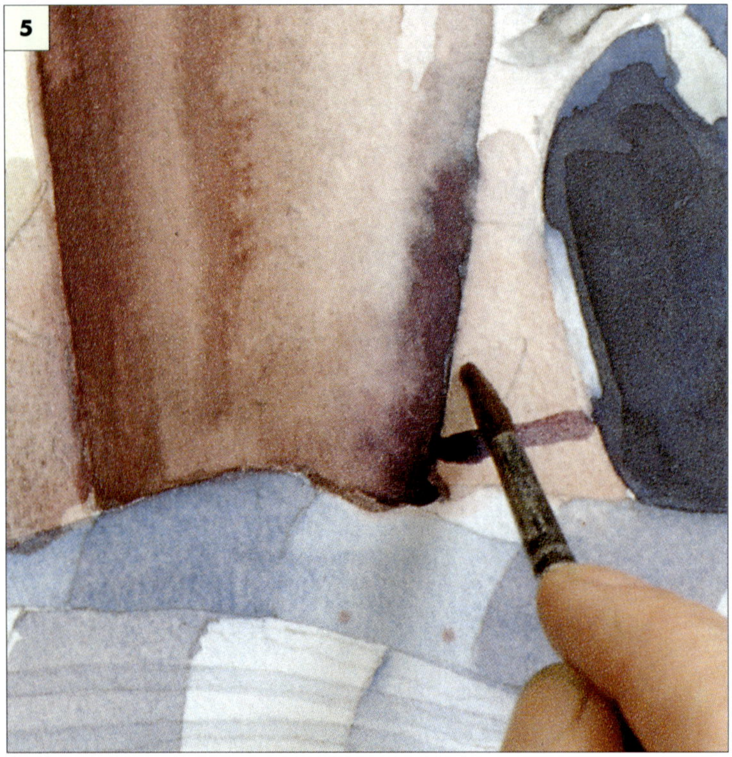

5 *Die Farbe des blauen Topfes wurde verstärkt. Einige Tupfer des gleichen Blaus wurden für das Muster des Tischtuchs und den tiefen Schatten an der Seite der Vase verwendet.*

6 *Die größeren Lichter auf dem blauen Topf wurden durch Aussparen geschaffen. Mit einem feinen Pinsel und Deckweiß wurden die kleinen Lichter über die trockene Farbe gesetzt.*

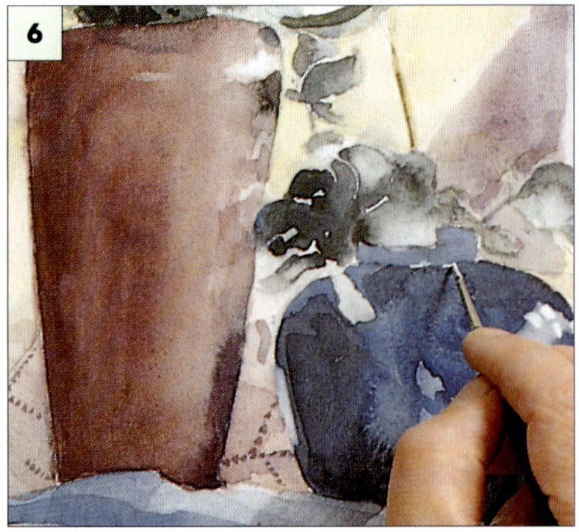

5 *Das Muster des Tischtuchs wurde weitergemalt. Nach dem Trocknen fügte die Künstlerin dann den tiefen Schatten hinzu. Die Ränder wurden mit einem in sauberes Wasser getauchten Pinsel verwischt.*

6 *Die Abdeckflüssigkeit wird mit einem Radiergummi entfernt und ergibt klare weiße Formen. Einige Stellen rieb sie vorher ab und lavierte sie mit Gelb, um den Effekt zu erzielen, der im nächsten Bild sichtbar wird.*

7

8

7 *Das Bild ist fertig. Die weißen Blumen wurden nicht gemalt, sondern mit der Zeichnung ausgespart.*

8 *Deckweiß wurde nur in den letzten Phasen des Bildes eingesetzt. Bei einem fast fertigen Aquarell bemerkt man manchmal, daß ein Licht nicht hell genug ist, und trägt dies dann nach.* ❑

7

8

7 *Die hellen langen Blätter heben sich von den dunklen Farben ab. Für die hellen Blau-Grün-Töne auf den runden Blättern wurde Deckweiß mit etwas Grün verwendet.*

8 *Blumenbilder brauchen eine leichte Hand. Sie müssen ein Gefühl der Frische und Lebendigkeit vermitteln. Beide Künstler haben verschiedene Techniken angewandt, es aber vermieden, das Bild durch zu viele Details und zu viele Lavierungen ›totzumalen‹.* ❑

3

Besondere Techniken

Malt man Naß auf Trocken, muß jede Lavierung trocknen, bevor die nächste Farbschicht angelegt werden kann (s. S. 40). Naß in Naß bedeutet, neue Farben in noch feuchte Lavierungen zu malen, so daß sie ineinander verfließen und weiche Verläufe und interessante Effekte entstehen.

In der Praxis gehen die Techniken meist zusammen. Die abgestufte Lavierung (s. S. 32)

▶ *Verwaschpinsel eignen sich am besten für große Flächen in Naß-in-Naß-Technik.*

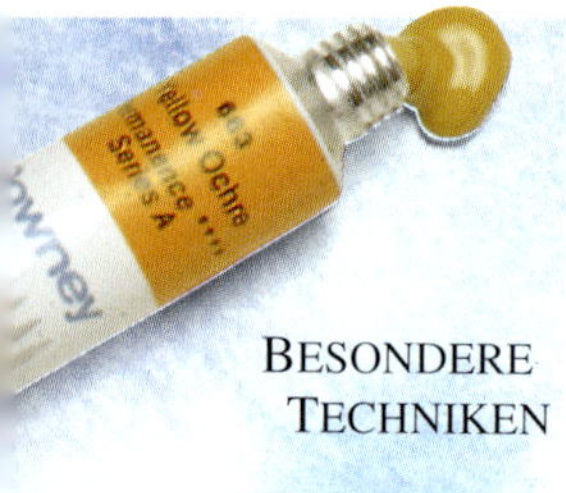

Naß in Naß arbeiten

und das Vermalen (s. S. 50) sind Vorstufen der Naß-in-Naß-Technik. Meist werden beide Techniken nebeneinander eingesetzt.

Um Naß in Naß zu arbeiten, muß man das Papier aufspannen (s. S. 24). Selbst schweres Papier wirft sich bei dieser Technik auf. Zudem muß man zügig arbeiten, damit das Papier während des Malens immer etwas feucht bleibt. Das heißt nicht, daß man ein Bild in nur zehn Minuten oder selbst in einer halben Stunde fertigstellen muß. Gründlich duchgefeuchtetes Papier braucht einige Zeit, bis es trocken ist. Die Effekte, die durch Naß-in-Naß-Malen entstehen, sind nie ganz vorhersehbar, was den Reiz der Technik ausmacht.

Die Farbe kontrollieren

Je nachdem, wie naß oder trocken das Papier ist, variieren die Effekte des Verlaufens. Einige kann man aber kontrollieren. Wenn

Den Farbverlauf kontrollieren

1 *Der Künstler arbeitet auf einem aufgezogenen nassen Papier. Zunächst tropft er dunkelgraue Farbe in hellgraue Töne, um dunkle Wolken wiederzugeben.*

2 *Nun wird das Brett in spitzem Winkel seitlich gehalten, damit die Farbe in die untere Ecke fließen kann. Durch Variieren des Winkels kann man den Fluß der Farbe kontrollieren.*

3 *Der Bergrücken ist dadurch entstanden, daß ein Streifen Grau in die etwas eingetrocknete Farbe darunter eingeführt wurde. Durch Drehen des gekippten Brettes floß die Farbe in die passende Form. Danach wurde das Brett wieder flach gelegt.*

4 *Die Farbe bleibt so lange beweglich, bis sie ganz trocken ist. Seien Sie also immer darauf gefaßt, einen eben erreichten Effekt wieder zu verlieren. Der in Schritt 3 angelegte Streifen ist mittlerweile zu einer Serie verschwommener runder Formen verlaufen.*

5 *Die Farbe ist herunter- und heraufgeflossen und hat so einen gezackten Rand auf dem Bergrücken geschaffen. Auch der dunkle Wald am Fuß des Berges konnte überzeugend dargestellt werden.*

Robert Tilling, Headland am Morgen

Der Künstler hat die Naß-in-Naß-Technik in dieser atmosphärischen Seelandschaft sehr geschickt ausgenutzt, wobei er auch Naß auf Trocken malte. Der Himmel und Teile der See entstanden Naß in Naß. Dann ließ er das Papier trocknen, bevor die dunkle Landspitze, die scharfe Ränder brauchte, zugefügt wurde. Das Meer erhielt noch dunkle Blautöne.

man einen mit Farbe gefüllten Pinsel auf eine nasse Lavierung setzt, kommt das einem Steinwurf ins Wasser gleich: Der Wasserdruck des neuen Pinselstrichs treibt die erste Farbschicht auseinander, so daß beide Farben sich nicht mischen, sondern höchstens leicht ineinanderlaufen. Wenn das Papier nur feucht ist, verfließen die Farben besser.

Nach jahrelanger Übung kann man allerdings den richtigen Feuchtigkeitsgrad des Papiers bestimmen. Durch die leichte Neigung des Malbretts läßt sich der Farbverlauf etwas kontrollieren. Liegt das Malbrett flach, bewegen sich die Farben kaum. Beim Kippen des Brettes fließen sie dagegen herunter, herauf oder seitwärts. Mit diesem kleinen Trick lassen sich regnerische Himmel oder Blumen darstellen.

Naß in Naß mit Naß auf Trocken kombiniert

1 *Einige Stellen des Bildes sollen Naß in Naß gemalt werden, die Ränder der Gegenstände sollen aber möglichst deutlich und klar herauskommen. Daher arbeitet der Künstler auf einem trockenen Papier. Hier sieht man, wie er frische Farbe in eine noch feuchte Lavierung einführt.*

2 *Bevor er am Becher weiterarbeitet, müssen die Lavierungen im Hintergrund mit Hilfe eines Föhns trocknen. Wenn das Papier noch zu feucht wäre, würden die dunklen Farben in die helleren an der Seite des Bechers verlaufen und die Formgebung zerstören.*

3 Die Naß-in-Naß-Technik wird wieder für die rechte Seite des Bechers und für die Schatten im Becher verwendet, wo weiche Übergänge erwünscht sind. Mit einem kleinen spitzen Pinsel läßt sich die Farbe gut kontrollieren.

4 So lassen sich harte und weiche Ränder gut miteinander kombinieren. Zwar macht das Experimentieren mit frei verlaufender Farbe Spaß, doch erzielt man die besten Ergebnisse, wenn man die Weichheit der Naß-in-Naß-Technik mit der Klarheit der Naß-auf-Trocken-Methode verbindet.

Margaret M. Martin, Tanzende Schatten

Dieses Aquarell zeigt eine wohlüberlegte Kombination beider Techniken. Die linke Seite und der Hintergrund wurden fast vollständig Naß in Naß gemalt, so daß die Formen und Farben eher angedeutet als genau wiedergegeben sind. In der Bildmitte wurden sorgfältig Lavierungen um die Ränder der Blüten gelegt, um ihnen eine klare Form zu geben.

Pinselfaktur

Ein deutlicher Pinselduktus, glaubt man oft, sei nur für Ölgemälde wichtig. Man kann natürlich das ganze Aquarell in Lavierungen anlegen wie beim Naß-in-Naß-Malen, ohne daß Pinselspuren zu sehen sind. Doch können auch die Spuren eines Aquarellpinsels ausdrucksvoll sein. Einige Aquarellmaler bauen das ganze Bild aus Pinselzeichnungen auf und verwenden nur wenige Lavierungen, so etwa in der klassischen chinesischen Malerei.

Pinselzeichnungen zu üben lohnt sich. Probieren Sie verschiedene Pinsel aus und variieren Sie Haltung und Druck. Versuchen Sie, einige der gezeigten Pinselspuren nachzuahmen. Ein Pinsel kann verschiedenste Zeichen hervorbringen. Auch ein ganz Naß in Naß gemaltes Bild hat meist kleine Details, die mit dem Pinsel eingetragen werden. Sie gehen ganz anders an das Aquarell heran, wenn Sie wissen, wie man das Laub eines Baumes, die Blätter oder Blüten einer Blume, sich wiegendes Gras auf einem Feld oder Reflexe in bewegtem Wasser darstellt.

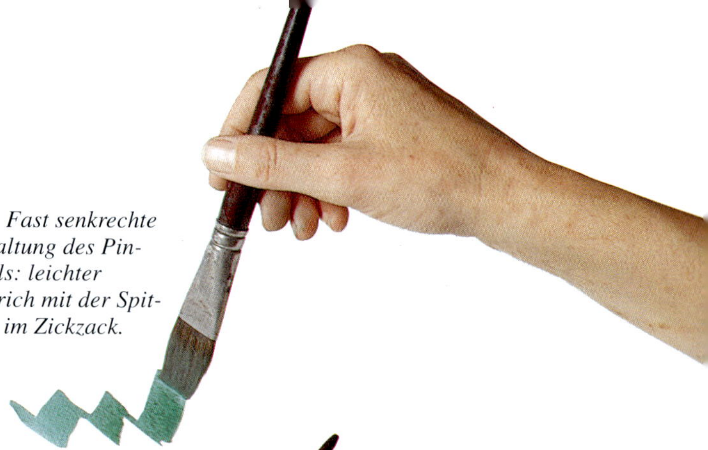

▶ *Fast senkrechte Haltung des Pinsels: leichter Strich mit der Spitze im Zickzack.*

▲ *Leichte Neigung des Pinsels: Der Druck nimmt am Ende des Strichs ab.*

▶ *Wenn man zu malen anfängt, hält man den Pinsel gern fest zwischen Zeigefinger und Daumen. Das ist für feine Details vorteilhaft, läßt aber kaum Spielraum in der Pinselbewegung. Lockern Sie einmal Ihren Pinselgriff und probieren Sie verschiedene Haltungen aus. Sie werden sehen, wie sich der Pinselduktus ändert. Variieren Sie auch den Pinseldruck. Lassen Sie die Farbe wie beim Schreiben leicht auslaufen oder schleudern Sie sie in heftiger Bewegung auf das Papier.*

▲ *Der Pinsel wird fast am Ende gehalten: leichter Druck, damit die Schlangenlinie weich ausläuft.*

▲ *Der Pinsel wird mitten im Strich weggezogen und schafft so kleine Haken.*

Paul Millichip, Garten im Sommer

Es gibt in diesem Aquarell einige Lavierungen, doch schaffen erst die Pinselstriche die dynamische und frische Wirkung. Für den Baum und das Gras links im Vordergrund wurden lange, spitz zulaufende Striche verwendet. Das Laub ist mit kurzen Strichen in verschiedenen Formen und Größen wiedergegeben.

Alex McKibbin, In der Umgebung von Pamajero, Nr. 105

Das Bild stammt aus einer Serie von Aquarellen, die der Künstler vom Waldstück in der Nähe seines Hauses malte. Es besteht fast ganz aus einzelnen Pinselstrichen. Die Baumstämme und Sandflächen im Vordergrund wurden mit lang auslaufenden Strichen wiedergegeben und bei einigen Stellen mit kurzen Strichen übermalt. Kleine gestische Striche wurden für die Blätter verwendet. Der Effekt des im Unterholz tanzenden Lichts ist schön eingefangen.

Die Trockenpinseltechnik unterscheidet sich wesentlich vom eben gezeigten kalligraphischen Ansatz. In dieser Technik arbeitet man mit möglichst wenig Farbe in einem fast trockenen Pinsel, den man über das trockene Papier zieht. Auf den Erhebungen der Körnung bleiben dann Spuren der Farbe haften. Diese Technik ist besonders sinnvoll, wenn man Texturen schaffen will.

Trockenpinseltechnik

Tiermaler verwenden sie, um Fell darzustellen, Porträtmaler für Haar und Landschaftsmaler für Gras, verwitterte Steine oder den dunstigen Effekt in den Himmel ragender Winterbäume.

Komplexe Farbwirkungen lassen sich durch mehrfaches Überlagern der Trockenpinseltechnik erzielen. Die Pinselborsten werden dabei auseinandergedrückt, so daß sie parallele Linien schaffen.

Um nicht zuviel Farbe abzugeben, sollte man den Pinsel kurz in Farbe tauchen und dann auf einem Papiertuch abstreifen. Auch das braucht Übung. Probieren Sie die Technik zunächst auf einem Stück Papier aus.

Achtung: Wenn man die Technik erst einmal beherrscht, ist die Gefahr groß, daß man sie übertrieben häufig einsetzt und das Bild dann zu monoton wirkt.

Textur in einer Landschaft

1 *Je nach gewünschtem Effekt kann man auf dem weißen Papier oder auf einer bereits trockenen Lavierung arbeiten. Mit einem spitzen Pinsel, den man leicht über das Papier zieht, und sehr wenig Farbe lassen sich die zarten Gräser darstellen. Die Farbe bleibt nur auf den Erhebungen der Körnung haften. Die gebrochenen Linien wirken wie Kohle auf rauhem Papier.*

2 *Der Künstler verwendet einen breiten Borstenpinsel für die größeren Grasbüschel. Die Haare des Pinsels werden mit dem Daumen etwas auseinandergedrückt und sanft über das Papier gezogen.*

3 *Die Trockenpinseltechnik hat einen realistischen Eindruck des vom Wind durchwehten Dünengrases geschaffen. Im Kontrast dazu stehen die größeren lavierten Striche im Vordergrund. Die feinen weißen Linien, wo die Sonne auf die Gräser fällt, wurden mit einer Messerspitze ausgekratzt.*

Felltextur beim Tier

1 *Auch hier werden trockene Pinselstriche über Lavierungen gezogen. Der Pferdekopf wird vorher farbig angelegt und trocknen gelassen, bevor die Schatten eingesetzt werden.*

2 *Man taucht einen breiten Borstenpinsel in Farbe und läßt ihn etwas antrocknen. Um sicherzugehen, daß nicht zuviel Farbe im Pinsel ist, sollte man vorher Proben auf Papier machen.*

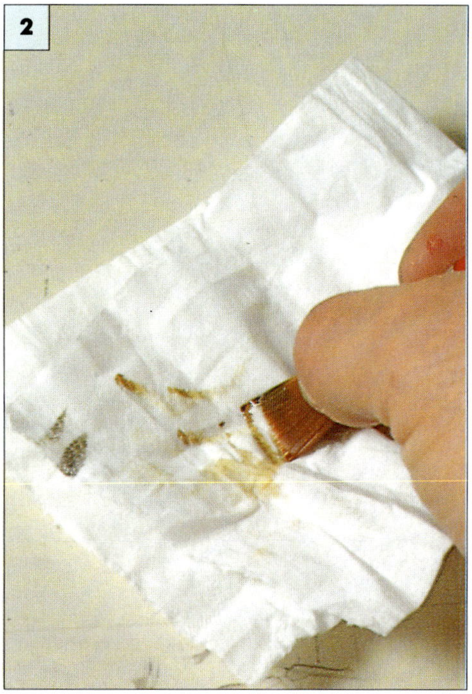

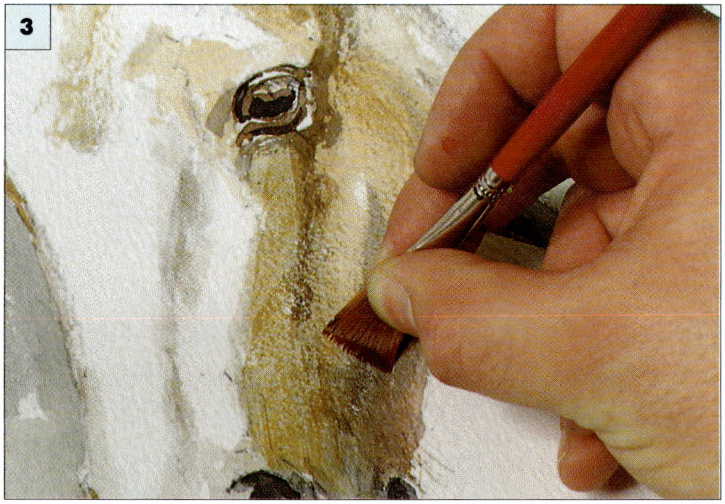

3 *Die Felltextur soll nur angedeutet werden. Daher nimmt der Künstler eine etwas hellere Farbe als die Lavierung darunter und macht kleine, leichte Pinselstriche.*

4 *Mit mehreren trockenen Pinselstrichen modelliert der Künstler sehr genau die Formen und deutet die verschiedenen Texturen des Pferdekopfes und der Mähne an.*

Spritztechnik

Eines der Probleme bei der Darstellung von Landschaften oder Häusern ist die Wiedergabe von Textur. Wie malt man zum Beispiel einen Sand- oder Kieselstrand, oder wie stellt man die leicht poröse Oberfläche einer alten Stein- oder Ziegelwand dar?

Dazu gibt es einige Tricks, wie die bereits beschriebene Trockenpinsel- (s. S. 70) und die Schwammtechnik (s. S. 76). Man kann die Farbe auch mit einer ausgedienten Zahnbürste aufspritzen.

Diese Spritztechnik schafft interessante Effekte, vorausgesetzt, man übertreibt sie nicht. Am besten hält man die aufgespritzte Farbe in einem ähnlichen Farbton wie die darunterliegende Farbschicht. Man kann sogar den gleichen Farbton für Lavierung und Spritzer nehmen, da die aufgespritzte Farbe dunkler auftrocknet. Will man sehr genau arbeiten, sollte man die anderen Teile des Bildes währenddessen mit einer Schablone abdecken.

Eine Variation ist das Spritzen mit sauberem Wasser. Man kann dies auf einer trockenen oder auf einer noch feuchten Lavierung ausprobieren. Wasserspritzer werden oft in Verbindung mit der Naß-in-Naß-Technik verwendet (s. S. 64). Diese Technik sieht nicht so wirkungsvoll aus wie das Spritzen mit Farbe, hat aber auch ihren Reiz.

▲ *Zahnbürsten eignen sich für die Spritztechnik am besten. Man kann aber auch mit anderen Hilfsmitteln, etwa einer Nagelbürste, experimentieren.*

Aquarellspritzer

1 *Spritzen sollte man erst am Schluß des Malprozesses. Der Künstler hat hier bereits die Klippen und Felsen fertiggemalt. Der Vordergrund sieht jedoch noch zu flach und leblos aus.*

2 *Über die fertigen Stellen des Bildes legte der Künstler ein Stück Pauspapier, um Spritzer zu vermeiden. Nun werden auf die hellbraune Lavierung im Vordergrund zwei Lagen Farbe aufgespritzt.*

3 *Zu große oder zu dunkle Spritzer können anschließend mit einem Wattebausch oder einem Schwamm weggetupft werden.*

4 *Die aufgespritzte Farbe gibt einen realistischen Eindruck vom groben Sand- und Kieselstrand. Die von der Farbe gebildete dunkle Linie am Rand der Schablone deutet die Grenzlinie zwischen Strand und Klippen an.*

Rachel Gibson, Stilleben mit Grapefruit

Spritzer können sehr dekorativ sein. Hier wurden Spritzer im Hintergrund als Akzent eingesetzt. Das Muster auf der Tapete wurde mit Abdeckflüssigkeit abgedeckt (s. S. 80) und dann bespritzt. Nach dem Abreiben heben sich die weißen Stellen deutlich von den Spritzern ab.

Gouachespritzer
1 *Manchmal lassen sich bestimmte Phänomene, zum Beispiel Gischt auf einem Brecher, nur schwer mit der transparenten Aquarellfarbe wiedergeben. Dann hilft Gouacheweiß, das in diesem Fall über die trockene Aquarellschicht gespritzt wurde.*

1

Spritzexperimente

Wasser
1 *Wasser verspritzen Sie mit der Zahnbürste, indem Sie mit dem Daumen darüberfahren.*
2 *Wasserspritzer auf feuchter Farbe schaffen unregelmäßige Tropfen und Flecken.*

Abdeckflüssigkeit
3 *Abdeckflüssigkeit läßt sich nicht so leicht verspritzen. Mit etwas Übung finden Sie die beste Position heraus.*
4 *Nachdem die Lavierung trocken ist, reiben Sie die Abdeckflüssigkeit vorsichtig ab.*
5 *Mit dieser Technik kann man Winterwetter nachahmen. Das Muster der kleinen weißen Punkte ähnelt einem Schneesturm. Legen Sie ausreichend Zeitungen aus, da die Abdeckflüssigkeit schwer zu entfernen ist.*

Mundzerstäuber
6 *Mit diesem Hilfsmittel lassen sich feinere Farbnebel als mit der Zahnbürste erzeugen.*

1

2

3

4

5

6

2 *Spritzer mit weißer Gouache sollten ganz zum Schluß erfolgen. Man darf auch nicht darübermalen, sonst zerstört man den Effekt. Die Farbe muß ziemlich dick ausgemischt werden. Ist sie zu verdünnt, versinkt sie in den Aquarellschichten. Probieren Sie die Mischung vorher aus. Falls der Effekt mißlingt, kann man die Gouachefarbe noch schnell wegreiben, muß aber dann auch die ganze Stelle neu malen.*

3 *Da Gouache pastoser als Aquarellfarbe ist, läßt sie sich besser kontrollieren. Man kann die Farbspritzer genauer einsetzen. Halten Sie die Zahnbürste einige Zentimeter vom Papier weg und gehen Sie mit dem Daumen (oder dem Pinselstiel) rasch die Borsten entlang.*

4 *Verwenden Sie diese Technik nicht zu oft. Sie ist am effektivsten, wenn man sie, wie in diesem Beispiel, sparsam einsetzt.*

Mit dem Schwamm malen

Den kleinen Natur- oder Synthetik-Schwamm haben Sie schon kennengelernt und gesehen, wie man ihn für Lavierungen (s. S. 30) verwendet. Man kann den Schwamm aber noch viel abenteuerlicher einsetzen, da sich mit ihm interessante Texturen schaffen lassen.

Mit einem Schwamm aufgetragene Farbe sieht vollkommen anders aus, als wenn sie mit dem Pinsel vermalt wird. Der dabei entstehende gesprenkelte Effekt ist zur Wiedergabe von verwitterten Steinen, Laub oder Blumen gut geeignet.

Durch entsprechenden Druck auf den Schwamm läßt sich die abgegebene Farbmenge gut kontrollieren. Man kann ebenso Form wie Textur schaffen, wenn man die Farbe in schattigen Stellen dichter einsetzt. Wenn Sie zuviel Farbe aufgetragen haben, vielleicht sogar über einige Lichter, können Sie sie mit einem sauberen, in Wasser getauchten Schwamm wieder wegtupfen.

Man könnte sogar ein ganzes Bild mit dem Schwamm malen, wenn auch mit einer Einschränkung: Es lassen sich keine feinen Linien ziehen oder scharfe Ränder schaffen. Für feinere Details werden Sie gerne wieder auf Ihre Pinsel zurückgreifen.

▲ *Die Art des Schwammes beeinflußt das Aussehen der Textur. Kleine Naturschwämme kommen von groben Sorten bis zu ganz feinen vor.*

Laubtextur

1 *Die Künstlerin hat diese Baumstudie mit dem Stamm und den Zweigen begonnen, die mit Abdeckflüssigkeit abgedeckt wurden (s. S. 80). Nachdem die Krone in dunklem Grün getrocknet ist, konnte die Abdeckflüssigkeit abgerubbelt werden. Dann tupft die Künstlerin ein konzentriertes Zitronengelb auf die helleren Stellen der Baumkrone.*

2 *Der Effekt ist interessant und wirkt realistisch, eine ausgezeichnete Darstellungsmethode für diese zerzauste Mittelmeer-Pinie.*

Felstextur

1 *Die Schwammtechnik wird am besten nur für den großen Felsen im Vordergrund verwendet, der in dieser Phase noch unbemalt geblieben ist.*

2 *Der Rest des Bildes ist nun fertig, und der Felsen erhält eine hellgraue Lavierung.*

3 *Verschiedene Schichten in einer hellen grau-braunen Mischung mit Tupfern von Gelb wurden mit dem Schwamm aufgetragen und schaffen den wirklichkeitsgetreuen Eindruck der Oberfläche eines verwitterten, fleckigen Felsens.*

4 *Die dunklen Adern und die Schatten unterhalb des Felsens bilden feine Linien, die mit dem Schwamm nicht geschaffen werden können. Diese für die realistische Darstellung wichtigen Details wurden daher mit einem kleinen spitzen Pinsel eingezeichnet.*

Abheben

Im vorigen Kapitel haben Sie gesehen, wie durch Auftragen und Entfernen von Farbe weiche Lichter geschaffen wurden. Diese Technik ist im Aquarell sehr hilfreich, vor allem für die Wiedergabe von Wolken. Daher wollen wir hier noch näher auf sie eingehen.

Anfänger im Aquarellieren scheuen sich oft vor der Darstellung von Wolken, und das mit Recht, denn sie kann schwierig sein. Man läuft leicht Gefahr, die Wolkenformationen zu übertreiben. Wie malt man aber weiße Wolken in den blauen Himmel, wenn man keine hellen Farben über dunkle legen kann? Durch Abheben der Farbe. Um realistische Wolken zu schaffen, legt man zunächst eine gleichmäßige oder abgestufte blaue Lavierung an und wischt mit einem trockenen Schwamm, einem Pinsel oder einem Papiertuch quer über die noch feuchte Malschicht. Kumuluswolken werden ähnlich gemacht. Statt zu wischen, tupft man in einer kreisenden Bewegung mit einem Schwamm oder einem Tuch auf die Farbe.

Wie an den Beispielen hier zu sehen, lassen sich durch Abheben von feuchter Farbe von einer darunterliegenden trockenen Lavierung verblüffende Effekte erzielen. Die Technik ist auch für andere Landschaftsmotive nützlich, etwa die sanften Lichter in einer Baumkrone oder die Farbvariationen in Feldern und Hügeln. Wenden Sie die Technik an, wann immer Sie weichgeränderte Effekte brauchen.

Man kann auch trockene Farbe abheben. Es braucht nur mehr Geduld, und man kann das weiße Papier nicht mehr ganz freilegen. Geben Sie dem Malwasser etwas Gummiarabikum zu (Malmittel). Das gibt der Farbe Glanz und Festigkeit. Da das Malmittel wasserlöslich ist, läßt sich die Farbe auch im trockenen Zustand besser abheben.

Zirruswolken

1 *Um Wolken in einem blauen Himmel wiederzugeben, legt man zunächst eine abgestufte Lavierung an. Sie muß nicht perfekt sein, da Sie ja einiges wieder entfernen.*

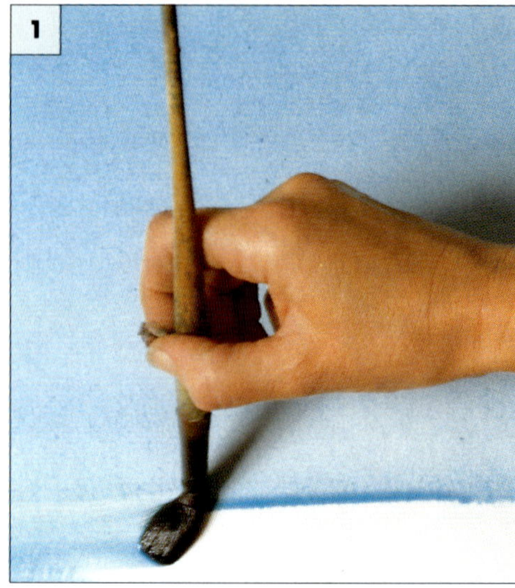

2 *Mit einem leicht feuchten Schwamm oder einem Baumwolltuch wischen Sie die noch feuchte Farbe in der gewünschten Richtung aus.*

3 *Ein solcher Effekt ist unmöglich mit einer anderen Methode zu erzielen. Abheben ist eine der leichtesten und nützlichsten Aquarelltechniken.*

Kumuluswolken
1 *Komplexere Effekte erzielt man durch zwei Lavierungen. Hier wurde eine vielfarbige Lavierung über einer hellen Ockerfarbschicht angelegt.*

2 *Hier wird ein Papiertuch für eine tupfende Bewegung verwendet. Am besten knüllt man das Papier etwas zusammen, so daß nur wenig Farbe entfernt wird und im Weiß Strukturen entstehen. Ein Baumwolltuch wäre hier ungeeignet, da es die Farbe zu gleichmäßig und großflächig aufsaugen würde.*

3 *Wolken, die so dargestellt werden, wirken sehr echt. Für mehr Details kann man das Abheben mit der Naß-in-Naß-Technik kombinieren (s. S. 64), indem man Tupfer dunklerer Farben am unteren Rand der Wolken hinzufügt. Malen Sie jedoch nicht zuviel hinein. Himmel sollten auch in der Malerei frisch und luftig aussehen.*

Auf den vorhergehenden Seiten haben Sie gelernt, Farbe aufzutragen und abzuheben. Doch wie kann man Farbe daran hindern, das Papier überhaupt zu erreichen? Das geht am besten mit Abdeckflüssigkeit.

Dieses Mittel wird oft für Lichter verwendet, die schwierig auszusparen sind (s. S. 46). Man kann es aber auch kreativer einsetzen. Trägt man es mit dem Pinsel auf,

◀ *Abdeckflüssigkeit ist in Weiß und Gelb erhältlich. Gelb ist einfacher anzuwenden, da man den Auftrag genau sieht.*

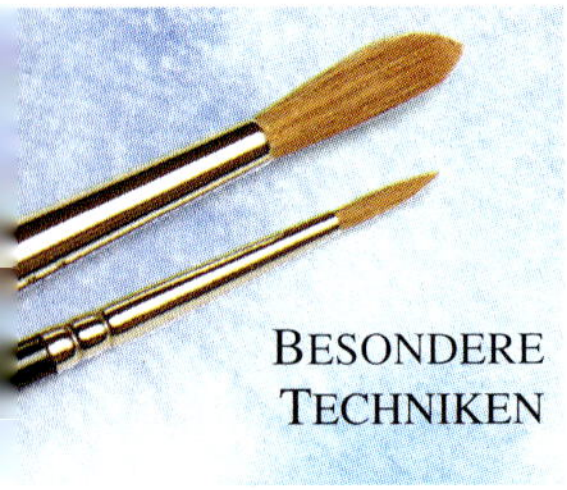

Abdeckflüssigkeit

läßt es sich genauso effektiv einsetzen wie Farbe. So umgeht man elegant das Problem, in einem Aquarell weiß zu malen. Reiben Sie nämlich die mit einem Pinsel aufgetragene und dann erstarrte Flüssigkeit wieder ab, erhalten Sie perfekt geformte Pinselstriche in reinem Weiß.

Interessante Muster ergeben sich auch, wenn man die Abdeckflüssigkeit über das Papier streicht oder aufspritzt (s. S. 72). In diesem Fall spritzt man zuerst die Flüssigkeit auf das Papier und legt dann die Lavierung an. Nachdem die Lavierung trocken ist und die gummiartige Haut abgerieben wurde, bleiben weiße Flecken und Tropfen übrig – ein ideales Mittel, um einen Schneesturm darzustellen. Achten Sie darauf, nicht die Kleidung zu bespritzen, da sich die Flüssigkeit nur schwer entfernen läßt. Pinsel müssen sofort nach Gebrauch ausgespült werden.

1 *Eine Vorzeichnung hilft, die richtige Lage der Abdeckspuren zu kennzeichnen. Dann wird die Flüssigkeit in unterschiedlichen Mengen auf dem Papier verteilt und nach dem Trocknen mit einer gelb-braunen Lavierung versehen.*

2 *Nach dem Auftragen weiterer Farben ist das Bild fast fertig. Die kleinen Tropfen Farbe auf der getrockneten, gummiartigen Abdeckflüssigkeit werden mit ihr zusammen entfernt.*

3 *Nun können alle abgedeckten Stellen mit dem Finger oder einem Radiergummi abgerieben werden. Die Pinselstriche der Abdeckflüssigkeit nehmen die farbigen Striche auf.*

4 *Einzelne Stellen erscheinen der Künstlerin zu weiß. Daher malt sie noch einige Lavierungen in Coelinblau auf die rechte Böschung und den Vordergrund.*

Richard Pearson, Beggar's Bridge, Glaisedale

Reine Weißtöne sollten in diesem Bild vermieden werden. Daher legte der Künstler eine gelbe Lavierung über die gesamte Fläche der Brücke und der Bäume, bevor er die Baumstämme und die Fugen zwischen den Steinen mit Abdeckflüssigkeit ausfüllte. Das feine Netz von kleinen Zweigen hinter der Brücke erzielte er durch Auskratzen mit einem scharfen Messer.

▲ *Diese Wachskreiden haben eine gute Spitze, mit der sich genau zeichnen läßt.*

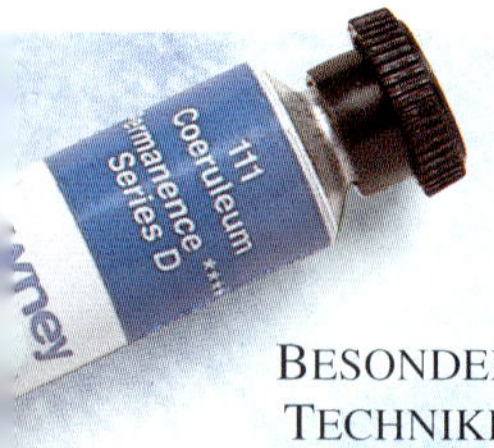

Wachsverfahren

Diese Technik basiert auch auf dem Abdecken des weißen Papiergrunds, doch ist die Wirkung subtiler als bei Abdeckflüssigkeit. Da Wachs Wasser abstößt, zeichnet man mit Wachskreide oder einer Kerze auf dem Papier und legt dann eine Farbschicht darüber. Das Wachs weist die Farbe ab. Diese Technik setzte der englische Maler und Bildhauer Henry Moore (1898–1986) in einer Serie von Zeichnungen ein, die schlafende und Schutz suchende Menschen in der Londoner U-Bahn während des Zweiten Weltkriegs zeigt.

Je nach dem Druck auf die Kreide oder die Kerze und abhängig von der verwendeten Papiersorte kann man aufregende Effekte erzielen. Zeichnet man mit Wachs auf glattem Papier, wird die Farbe fast vollkommen abgestoßen. Da Aquarellpapier meist rauher ist, bleibt das Wachs nur auf den Erhebungen der Körnung sitzen, und die Farbe erzeugt eine gebrochene Textur.

Mit dieser Technik lassen sich viele Texturen wiedergeben, etwa Felsen, Klippen, Baumstämme und alte Häuser, aber auch Wolken und Lichtreflexe auf Wasser. Ebenso leicht können Sie auf diese Weise Muster schaffen. Mit billigen farbigen Wachskreiden können Sie alle Arten von Textureffekten gestalten. Legen Sie dazu Wachsschichten an, übermalen Sie sie und zeichnen Sie wieder mit Wachskreiden darauf.

1 *Die Blütenfäden wurden mit einer gelben Wachskreide fein gezeichnet, Blau und Grün wurde für die Blätter verwendet. Die Kreide wurde nicht zu stark aufgesetzt, damit sie nicht zuviel Farbe abstößt.*

2 *Eine intensive Lösung von Alizarinkarmesin wurde mit einem Chinapinsel über die Wachszeichnung aufgetragen. Diese Pinsel eignen sich gut für Blumenmalerei, da sich mit ihnen viele verschiedene Striche erzielen lassen.*

Debra Manifold, Waldlichtung

Das Wachsverfahren eignet sich gut, um kontrastreiche Texturen zu schaffen, wie in diesem Bild das Wasser und die Bäume. Die Künstlerin begann mit den überall im Bild angelegten Lavierungen. Nach dem Trocknen legte sie Wachs über die helleren Stellen und baute dann das Bild weiter mit abwechselnden Schichten Aquarell und Wachskreide auf.

3 *Grün aus Chromoxidgrün feurig und Kadmiumgelb wurde über die schwarze Wachskreide gemalt. Das Grün ist da am deutlichsten zu sehen, wo der Druck der Kreide am schwächsten war.*

4 *Dieser Ausschnitt einer Blüte zeigt deutlich den Effekt des Wachsverfahrens. Die Farbe ist von den gewachsten Stellen abgeperlt und hat die gelben Blütenfäden vor dem tiefen Rosa der Blüten hervorgehoben.*

▲ *Bevor Sie die Feder finden, die Ihrem Arbeitsstil entspricht, müssen Sie sicher einige Federn ausprobieren.*

Die meisten besprochenen Techniken in diesem Kapitel sind Resultat vieler Experimente mit Aquarellfarben und relativ neu. Linie und Lavierung sind jedoch so alt wie das Aquarell selbst. Historisch betrachtet, wurde diese Technik vor allem dazu verwendet, Tuschzeichnungen farbig zu unterlegen. Dies sieht man noch oft bei Illustrationen. Viele Aquarellmaler verwenden die Technik

Linie und Lavierung

heute freier und kreativer. Sie integrieren Linie und Farbe, um den Eindruck von farbigen Illustrationen zu vermeiden.

Für Linie und Lavierung gibt es keine festen Regeln. Man kann zuerst zeichnen oder zuerst malen und dann Details einzeichnen oder auch beides zusammen entwickeln. Auch für das Material gibt es keine Vorgaben. Tauchfedern, Füller oder Bleistifte lassen sich gleichermaßen verwenden. Bleistiftlinien sind jedoch heller und daher nur auf hellen Farben zu verwenden. Wenn Sie sich für die Feder entscheiden, sollten Sie vorher einige Sorten ausprobieren. Wichtig ist, daß die Feder gut in der Hand liegt und die gewünschten Linien hervorbringt. Testen Sie in einem Fachgeschäft verschiedene Federn, bevor Sie eine kaufen. Seien Sie vor allem mit Filzstiften vorsichtig. Sie sind zwar billig und zeichnen sehr leicht, doch können die Farben ausbleichen.

Traditionelle Zeichnungen mit Tusche und Lavierung wurden mit wasserfester Tusche gemacht, die beim nachträglichen Lavieren nicht verwischt. Heute ziehen viele Künstler dagegen verwischte Linien und daher wasserlösliche Tusche vor. Finden Sie selbst durch Experimentieren heraus, was Sie bevorzugen.

1 *Die Künstlerin entschied sich für eine helle Farbpalette, um die Zeichnung deutlich hervortreten zu lassen. Sie wählte eine feine Zeichenfeder und wasserlösliche Tusche, weil Farbe und Tusche an manchen Stellen verlaufen sollen.*

2 *Mit einem Chinapinsel legt sie mehrere lockere Striche an, die die Zeichnung vervollständigen.*

Audrey Macleod, Rhododendron

Die Künstlerin liebt den Kontrast zwischen klarer Tuschelinie und zarter Aquarellfarbe. Die Technik von Linie und Lavierung setzt sie ausschließlich in Blumenstudien ein. Um den Kontrast zu verstärken, trägt sie die Farbe an einigen Stellen mit dem Schwamm auf. Die Farbe auf den Blüten ist nur leicht eingemalt, damit das duftige Blumenstilleben nicht überladen wirkt.

3 *Auf der Steinmauer ist die Zeichnung noch gut sichtbar. Wo die Tusche in die Farbe geflossen ist, verschwimmen die Linien und deuten die kleinen Schatten auf den Steinen an.*

Ein Reiz der Aquarellmalerei liegt darin, daß der unerwartete Effekt interessanter sein kann als der geplante. Dazu gehören auch Rückläufe, d.h. sich in einer Lavierung sammelnde und wieder zurücklaufende Farbe. Ist die untere Schicht noch nicht ganz trocken, läuft die nächste Farbschicht in unregelmäßigen Flecken ab und verursacht beim Trocknen scharf gezackte Ränder.

Rückläufe

Das kann zwar ärgerlich sein, doch zählen Rückläufe wie Granulationen (s. S. 40) zu jenen ›glücklichen Zufällen‹, die man ganz bewußt einbeziehen kann. Natürlich kann man ihre Form nicht exakt vorhersagen und greift am besten darauf zurück, wenn man Formen nur andeuten, aber nicht genau festlegen möchte. Auch für Wolkeneffekte, Laub oder Blütenblätter eignen sie sich. Für Lichtreflexe auf dem Wasser lohnt es sich, sie auszuprobieren, indem man neue Farbe oder sauberes Wasser in eine noch feuchte Lavierung einbringt. Die Lavierung bricht auf und ergibt einen weichen Farbfleck mit scharfen, aber unregelmäßigen Rändern, die für Reflexe typisch sind.

Einen Rücklauf schaffen

1 *Man trägt zwei Farben auf und läßt sie ineinander verlaufen. Rückläufe wirken am besten, wenn das Bild frei und locker ist.*

2 *Verwenden Sie für Rückläufe eine Farbe mit höherem Wasseranteil, als ihn die zuerst angelegten Farben haben. Hier wird stark verdünntes Gelb in das Rot eingetropft, und kleinere Tupfer werden mit der Pinselspitze eingefügt.*

1

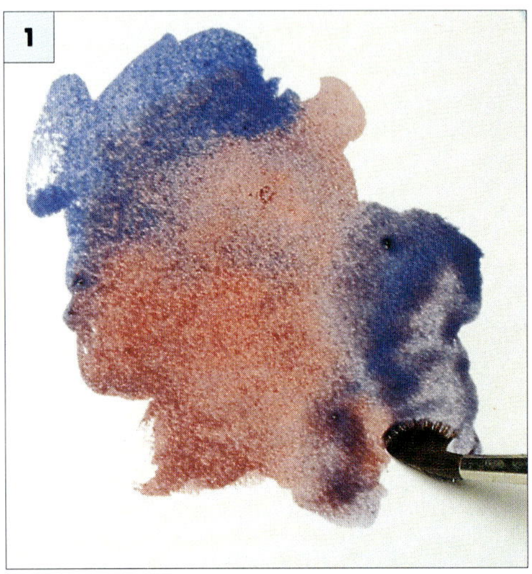

2

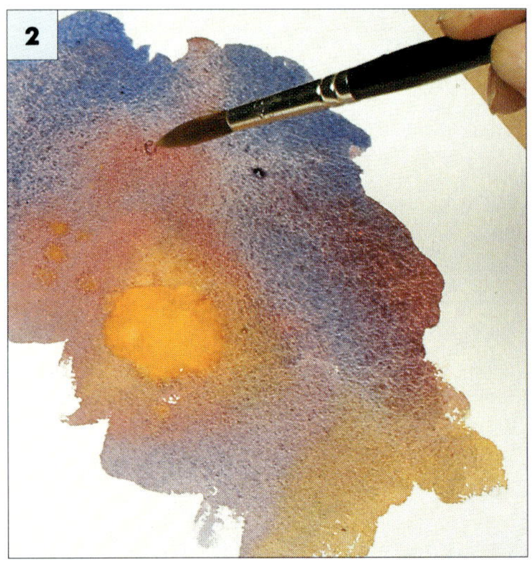

John Lidzey, Dorfstraße

Lidzey arbeitet besonders gern mit den ›Zufällen‹ im Aquarell und baut sie geschickt in seine Komposition ein. Auf der linken Seite des Vordergrundes ließ er als Gegenstück zu den Bäumen sich drei Rückläufe hintereinander bilden, die gezackte Ränder und eindrucksvolle Formen aufweisen. Man braucht sich nicht zu fragen, was diese Formen bedeuten. Sie fungieren nur im Kontext des Bildes.

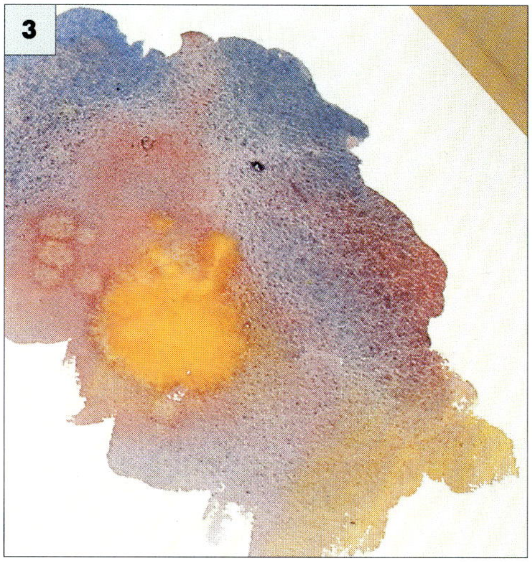

3 *Nach einer oder zwei Minuten bilden sich die ersten Flecken und breiten sich dann weiter aus, bis die Farbe trocken ist.*

4 *Ein weiterer Rücklauf entsteht in der Mitte des Farbflecks, wenn klares Wasser in die noch feuchte Lavierung eingemalt wird.*

Bevor man ans eigentliche Bildermalen herangeht, sollte man wissen, wie man Fehler korrigiert. Auch erfahrenen Aquarellisten passiert es, daß sie über eine eigentlich sauber bleibende Kante hinauslavieren. Oder sie stellen fest, daß eine Farbe doch nicht richtig harmoniert. Es ist beruhigend, wenn man dann weiß, wie Abhilfe geschaffen werden kann.

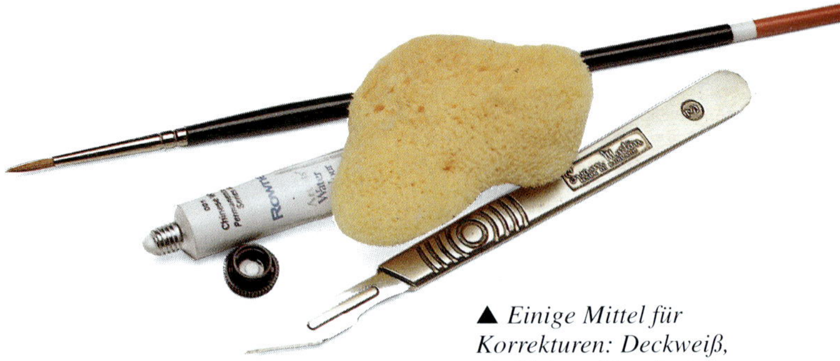

▲ *Einige Mittel für Korrekturen: Deckweiß, ein kleiner Pinsel, ein Schneidemesser und ein kleiner Schwamm.*

Korrekturen

Wie man korrigiert, hängt davon ab, in welchem Stadium das Bild ist. So kann Farbe etwa durch Abheben mit Schwamm und Wasser entfernt werden (s.S. 78). Es gibt aber die radikalere Möglichkeit, das ganze Blatt abzuwaschen. Wenn Sie in einer frühen Malphase feststellen, daß etwas völlig mißlungen ist – schiefe Proportionen oder falsche Farben – halten Sie das Bild unter laufendes kaltes Wasser und reiben Sie die Farben vorsichtig mit einem Schwamm ab.

Will man nur eine kleine Stelle verändern, tupft man sie mit dem Schwamm ab und läßt das Papier trocknen, bevor man sie neu malt. Für feine Ausbesserungen und für Lichter oder auch zum Verwischen zu harter Ränder nimmt man einen Wattebausch.

Hat man eine weiß bleibende Stelle aus Versehen mit Farbe bespritzt, kann man die Flecken mit Deckweiß zumalen. Besser ist es, sie mit der flachen Klinge eines Schneidemessers abzukratzen. Mit der Spitze des Messers könnte man das Papier aufreißen!

1 *Diese Korrektur wurde in der Schlußphase des auf Seite 126–129 gezeigten Aquarells vorgenommen. Die Malerin fand den Schatten im Vordergrund zu hart. Mit einem in sauberes Wasser getauchten Schwamm entfernte sie Teile des Schattens.*

2 *Nun sind die Ränder des Schattens verwischt, doch die Grenze zwischen hellen und dunklen Bildteilen ist nicht genügend definiert. Angestrebt wird ein deutlicher, aber aufgebrochener Effekt ähnlich dem Schatten unterhalb des Brunnens.*

3 *Die Künstlerin trägt etwas mehr blau-violette Aquarellfarbe am Ende des Schattens auf und läßt sie gut trocknen. Dann legt sie über einige Stellen des blauen Schattens eine Mischung aus roter Aquarellfarbe und weißer Gouache auf, die sorgfältig auf die Farbigkeit des Hofpflasters abgestimmt ist. Nun ist die korrigierte Stelle fast nicht mehr zu sehen.*

Zur Färbekraft der Pigmente

Der Erfolg des Abwaschens oder Abhebens hängt nicht nur von der Papiersorte ab, sondern vor allem auch von den verwendeten Farben. Einige lassen sich sehr leicht wieder abwaschen, andere färben das Papier bis in die Fasern durch und können dann kaum noch entfernt werden. Einige Papiersorten saugen die Aquarellfarben besonders intensiv auf. Testen Sie daher vor dem Malen einige Sorten, um zu sehen, von welchen sich die Farbe am besten wieder abwaschen läßt.

▼ *Alizarinkarmesin ist ein sehr farbstarkes Pigment. Es kann nicht so gut entfernt werden wie Ultramarinblau, das kaum Spuren hinterläßt. Auch einige Gelb- und gelbliche Grüntöne können kaum mehr vollständig abgewaschen werden.*

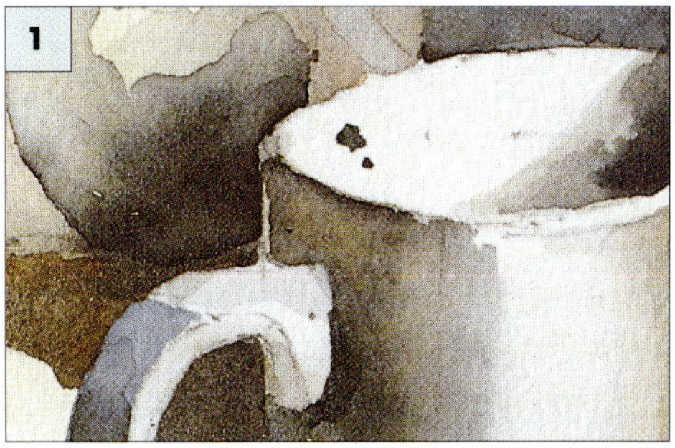

1 *Nur allzu leicht spritzt man beim Aquarellieren Farbe dorthin, wo sie eigentlich nicht hin soll. Doch das ist leicht zu beheben.*

2 *Störende Spuren übermalt man mit Deckweiß, doch kann die Farbe noch durchschimmern. Am sichersten ist es, Farbspritzer mit einer Messerklinge abzuschaben.*

4

Wege zum Gemälde

Manchmal fällt es schwer, ein Bild zu malen. Obwohl man vielleicht schon das richtige Motiv gefunden hat – den Blick aus dem Fenster oder einen frisch gekauften Blumenstrauß –, fehlt noch die rechte Inspiration. Warum nehmen Sie dann nicht ein Foto als Einstieg?

Suchen Sie sich aus Ihrem Fotovorrat ein passendes Motiv aus, vielleicht eine Landschaftsaufnahme ohne viele Details. Oder suchen Sie sich aus Zeitschriften ein Bild aus, das Ihnen gefällt. Das sollten Sie jedoch nicht zur Gewohnheit werden lassen. Wenn Sie nach Fotos arbeiten wollen, wählen Sie besser ein eigenes aus und nehmen es als Ausgangspunkt für Ihre Komposition. Aber fürs erste tut es auch eine Illustrierte. Vermeiden Sie am Anfang Aufnahmen von Menschen. Meist kommen sie auf Fotos nicht gut genug heraus, um als Malvorlage zu dienen.

Manche Kunstlehrer lehnen Fotografien als Malvorlage ab – sicher mit guten Gründen. Da Hobbymaler aber meist nicht sehr viel Freizeit zur Verfügung haben, ist es weniger frustrierend, ein ähnliches Motiv nach Foto als überhaupt nicht zu malen, wenn etwa ein Sonntag, den man sich zum Malen im Freien freigehalten hat, regnerisch ist.

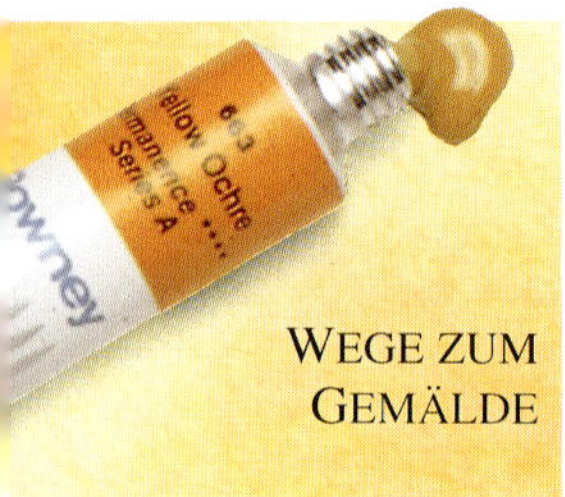

Nach Fotovorlagen arbeiten

▶ ***Ray Evans, Ein Markt in Marokko***

Die Fotovorlage ist im Aquarell noch zu erkennen. Doch im Vergleich sieht man, daß der Künstler verschiedene Figuren und einige Details ausgelassen hat, um eine dichtere Komposition zu schaffen. Die Figur ganz links fehlt, damit sie das Auge nicht aus dem Bild herausführt, und die Waagschalen im Vordergrund sind erfunden.

Kreative Kontrolle

Trotzdem sollte man sich immer auf Fallen gefaßt machen. Ein Foto übt eine Art Tyrannei aus und zwingt Sie, es genau zu kopieren. Das macht aber noch lange kein gutes Bild aus. Denken Sie auch daran, daß Fotos nicht immer die Wahrheit sagen. Die Farben sind häufig nicht naturgetreu, weder in den Schatten, die meist zu dunkel sind, noch in den Himmelszonen, die meist zu blau erscheinen.

Versuchen Sie also nie, ein Foto genau zu kopieren. Nehmen Sie einige Farbtöne, mit denen Sie spielen können, und einige Elemente, die Sie vereinfachen oder ganz auslassen. Fühlen Sie sich nicht an das Format gebunden. Sie können beliebige interessante Ausschnitte aus dem Foto wählen. Dabei hilft ein Motivsucher: Schneiden Sie vier Streifen Papier aus, mit denen Sie einen geeigneten Ausschnitt aus dem Foto herausblenden. Gehen Sie kreativ mit dem Foto um und lassen Sie sich nichts von ihm vorschreiben.

▲ ***Hazel Soan,***
Ein Ausflug in Wisley

Diese Malerin verwendet oft Fotos als Vorlagen. Hier wurde die Grundkomposition des Fotos beibehalten. Die Farben wurden dagegen verstärkt, und der Schatten im Vordergrund wurde zu einem wichtigen Bildelement. Die Bank auf der rechten Seite des Weges (nicht auf dem Foto vorhanden) ergibt einen Blickpunkt im Bild. Es ist immer gut, wenn man mehrere Fotos zur Hand hat und die besten Kompositionselemente daraus kombinieren kann.

Nicht nur ein Foto verleitet zur genauen Nachahmung, das gleiche gilt auch beim Arbeiten nach dem Leben. Ein Bild ist keine Kopie der Realität, sondern vielmehr eine ›Übersetzung‹ der Realität, und Sie als ›Übersetzer‹ bzw. Maler haben die Möglichkeit, das auszuwählen, was Sie an Ihrem Motiv wichtig finden, und Dinge so zu arrangieren, wie es Ihnen gefällt.

WEGE ZUM GEMÄLDE

Nach der Realität arbeiten

Auswahl und Komposition sind sehr wichtige Elemente eines Bildes. Wenn Sie ein Stilleben vorhaben (s. S. 136), machen Sie das automatisch. Sie rücken Ihr Motiv zurecht, nehmen ein oder zwei Dinge heraus, weil die Komposition sonst zu voll wirkt, und arrangieren die Dinge so lange neu, bis sie richtig aussehen.

Malt man eine Landschaft, kann man den Blickwinkel wechseln und auswählen, was wichtig erscheint. Sie können aber nicht jedes Blatt an einem Baum oder jeden Grashalm in einer Wiese malen. Denken Sie gut darüber nach, was Sie weglassen wollen. Lassen Sie nicht einfach Sachen weg, weil sie Ihnen zu schwierig vorkommen. Eine Gruppe farbenfroh gekleideter Leute beim Picknick könnte zwar die einsame Atmosphäre einer Berglandschaft durchbrechen, aber doch gerade den richtigen Tupfer Farbe in Ihrem Bild ergeben.

▼ *Paul Millichip, Strand bei Pembrokeshire*

Die Figuren sind ein wichtiger Teil dieses Bildes. Sie geben ihm Tiefe und Maßstab und verleihen Atmosphäre und menschliches Interesse. Man muß aber nicht unbedingt Menschen in die Komposition einbringen. Ein anderer Maler hätte vielleicht eine interessante Komposition ohne Menschen, dafür mit besonderem Blick auf Himmel und Meer, geschaffen.

▶ *Shirley Felts, Tulpenstrauß*

Bei diesem Motiv zielte die Künstlerin auf ihre ganz persönliche Umsetzung der Realität ab. Die Blumen sind zwar mit großer Genauigkeit gemalt, die eigentliche Aufmerksamkeit der Malerin galt aber dem abstrakten Muster. Dieses Element hat sie betont, ohne die Tischfläche oder den Raum zwischen Blumen und Tapete genauer darstellen zu wollen.

▶ *Neil Watson, Battery, Charleston*

Wenn man nach Fotovorlage arbeitet, kann man die Dinge nicht immer so arrangieren, wie man es gerne möchte. Man kann den Blickwinkel nicht verändern oder ein Element einbringen, das außerhalb des Bildrahmens liegt. Das geht aber alles, wenn man nach der Realität arbeitet. Der Künstler hat hier zwei Häuser nebeneinandergestellt, die in Wirklichkeit weit auseinanderlagen.

Skizzieren

Will man lernen, nach dem Leben zu malen, fertigt man am besten in einer Sitzung zunächst kein ganzes Bild, sondern mehrere schnelle Farbskizzen. Aquarellieren eignet sich ausgezeichnet zum Skizzieren. Auf kleinen Formaten lassen sich flüchtige Impressionen sehr rasch festhalten.

Man muß dabei nicht unbedingt draußen arbeiten, wie man zumeist annimmt. Vielmehr kann man alles, was man mag, skizzieren, angefangen mit der Ecke des Wohnzimmers bis hin zu einer Landschaft oder einer Stadtszene. Besonders nützlich ist eine Skizze jedoch für eine Landschaft. Aus verschiedenen Gründen muß man ein Bild oft vor Ort abbrechen, zum Beispiel wenn sich das Wetter verschlechtert. Daher fertigen viele Künstler Skizzen an, die sie dann im Atelier als Ausgangspunkt für ihre Bilder verwenden können. Auch wenn Sie nach Fotovorlagen arbeiten wollen, machen Sie am besten immer ein oder zwei Skizzen. Fotos sind unpersönlich und stellen eine Distanz zu Ihrem Motiv her, während in Skizzen bereits wichtige Bildelemente von Ihnen selbst bearbeitet worden sind.

Zwischen einfachen Skizzen und sorgfältigen Vorstudien für ein Bild gibt es natürlich einen großen Unterschied. Vorstudien für ein Bild brauchen etwas mehr Übung. Sie müssen bereits eine Vorstellung des fertigen Bildes im Kopf haben, damit Sie die notwendigen visuellen Informationen sammeln können. Wenn man rasch arbeitet, kann man nur die wichtigsten Dinge festhalten. Auch bei der Farbgebung muß man sich auf wenige Farbnotizen beschränken. Man kann zum Beispiel notieren: ›Wolken blauviolett‹ oder ›Schatten blau-grün‹. Selbst wenn man die Skizzen dann doch nicht verwendet, trainieren sie das Farbengedächtnis.

◀ *Daphne Casdagli, Berge des Altiplano in Bolivien*

Man braucht Übung und Selbstvertrauen, um ein so großes Motiv in das beschränkte Format eines Skizzenbuches zu bannen. In einem spiralgebundenen Skizzenbuch läßt sich eine Skizze auch auf beide Seiten ausdehnen. Die Malerin machte ausführliche Notizen zu dem Ort, den Leuten, der Konstruktion der Hütten, den Farben der Landschaft und dem Stand der Sonne.

◀ *Clarice Collings, Irische Landschaften*

Das sind zwei Skizzen aus einer Serie von elf Aquarellen, die alle am gleichen Tag, aber unter veränderten Wetterbedingungen gemacht wurden. Keine Skizze dauerte länger als eine halbe Stunde. Dennoch gelang der Künstlerin eine lebhafte Wiedergabe ihrer Eindrücke.

▶ *John Lidzey, Gegenstände auf einem Fensterbrett*

Lidzey macht, wie viele andere Künstler auch, leidenschaftlich gerne Skizzen. Da er vor allem an Lichteffekten in Innenräumen interessiert ist, sind seine Skizzenbücher voll mit Studien wie dieser. Solche Skizzen sind wertvolle Referenzen für spätere Bilder.

Will man draußen arbeiten, muß man mehr organisieren als für das Malen im Haus. Überlegen Sie also gut, was Sie alles für einen Malausflug brauchen. Machen Sie am besten eine Checkliste wie die auf der nächsten Seite unten rechts.

Zur Spezialausrüstung gehört auch ein kleiner Faltstuhl. Um gut zu malen, sollte man bequem sitzen. Auf dem Boden zu sitzen, kann mit der Zeit nicht nur unbequem werden, sondern man hat dann auch nicht immer die beste Sicht auf das Motiv. Eine Feldstaffelei braucht man nicht unbedingt. Malbrett oder Skizzenblock kann man auf den Knien halten. Wenn Sie trotzdem eine Staffelei anschaffen wollen, sollte sie möglichst leicht und so einstellbar sein, daß man das Malbrett nahezu horizontal feststellen kann.

Aquarellfarben trocknen in der Sonne sehr schnell. Helles Licht auf dem Papier blendet und erschwert die Farbabstimmung. Daher sollte man sich immer an einer schattigen Stelle niederlassen. Wenn man jedoch in der prallen Sonne malen muß, sollte man wenigstens einen breiten Strohhut tragen.

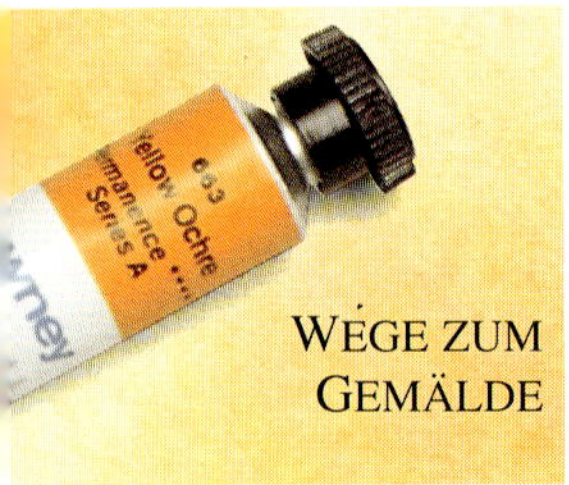

Vor Ort arbeiten

▼ *Feldstaffeleien sind in Metall- oder in Holzausführung erhältlich. Beide wiegen ungefähr gleich viel und sind in der Höhe und im Neigungswinkel verstellbar.*

▶ *Ein Motivsucher hilft, den richtigen Ausschnitt zu finden. Manche Künstler nehmen sogar einen Bilderrahmen mit, um zu sehen, wie das Landschaftsmotiv gerahmt aussieht.*

◀ *Eine Tasche, um die Staffelei zu verstauen, ist nicht unbedingt nötig, aber auf längeren Strecken bequem.*

◀ *Wenn Sie auch bei praller Sonne arbeiten, sollten Sie unbedingt einen Hut oder eine Mütze tragen.*

▶ *Ein niedriger Malstuhl (rechts außen) eignet sich besser als ein Gartenklappstuhl (rechts), da man die Malutensilien am Boden besser erreicht.*

Zum Glück kostet der wichtigste Teil der Ausrüstung fast nichts. Der Motivsucher besteht lediglich aus einem Stück Karton, in das ein rechteckiges Fenster geschnitten wurde. Der Motivsucher hilft in einer unübersichtlichen Landschaft, das passende Motiv einzugrenzen. Halten Sie den Motivsucher mit ausgestreckten Armen vor sich und bewegen Sie ihn so lange, bis Sie Ihr Motiv gefunden haben.

Um nicht stundenlang umherzuirren, bis Sie den richtigen Platz zum Malen gefunden haben, sollten Sie das vorausplanen. Man kann die Umgebung schon einen Tag vorher erkunden, damit man direkt einen Platz ansteuern kann. Wollen Sie ein ganzes Bild malen und nicht nur Skizzen anfertigen, können Sie eventuell an einem Tag skizzieren und an einem zweiten das Bild malen. Zu den Hauptschwierigkeiten beim Malen im Freien gehören die schwankenden Lichtverhältnisse. Man glaubt, den ganzen Tag zum Malen zu haben. Aber zwischen Morgen und Abend ändert sich das Licht vollständig. Daher muß man sehr zügig arbeiten. Nach der Vorzeichnung sollte man ohne Zögern mit dem Malen beginnen.

▶ Für kleine Skizzen können Sie einen Skizzenblock oder einzelne Blätter, die auf einem leichten Hartfaserbrett festgeklammert werden, verwenden.

▼ Gegen den Uhrzeigersinn:
• Als Wasserbehälter genügt irgendeine Plastikflasche.
• Der Wassertopf hat im Idealfall einen Verschluß (roter Deckel).
• Ein Pinselbehälter ist nicht notwendig, beugt aber Schäden vor.
• Papiertücher zum Reinigen
• Plastiktüten, um das Aquarell vor Regen zu schützen

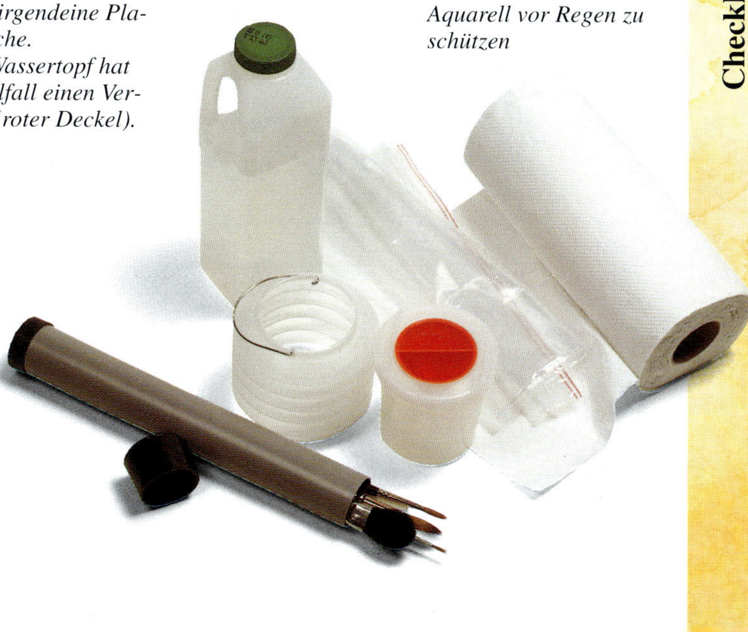

Checkliste

- *Einige Pinsel*
- *Malkasten. Achten Sie darauf, daß alle Farben komplett sind.*
- *Alternativ Tubenfarben und Mischschalen*
- *Skizzenblock oder leichtes Zeichenbrett mit einzelnen Blättern*
- *Eventuell noch Reißzwecken, Klebeband oder eine Klemme*
- *Wasserflasche*
- *Plastikbecher für das Malwasser*
- *Bleistift und Radierer für Vorzeichnungen*
- *Messer zum Spitzen des Bleistiftes*
- *Malstuhl*
- *Schwämme und Papiertücher zum Saubermachen*
- *Plastiktüte, um Ihr Bild im Falle eines Regens zu schützen*
- *Motivsucher*

Landschaft und Seestück

Es ist kein Zufall, daß die Entwicklung der Aquarellmalerei im 18. und 19. Jahrhundert mit einem neu erwachten Interesse an Landschaftsmalerei einherging. Das Aquarell mit seinen flüssigen und transparenten Eigenschaften schien für die Darstellung flüchtiger Effekte von Licht und Atmosphäre wie geschaffen zu sein. Sehen Sie sich doch einmal Kunstbücher mit Abbildungen von Werken der englischen Maler John Sell Cotman (1782–1842) und William Turner (1775–1851) oder des Amerikaners Winslow Homer (1836–1910) an. Sie werden manche Inspiration darin finden.

Ein Motiv auswählen

Beim Betrachten dieser Kunstwerke wird man leicht neidisch. Die Motive und Themen dieser Maler sind um einiges spannender und inspirierender als alles, was Sie selbst zur Verfügung haben. Es sind aber nicht allein die Motive, sondern auch ihre Umsetzung, die die Aquarelle dieser Künstler so packend machen. Ein guter Künstler kann aus ›Nichts‹ ein wunderschönes Bild machen.

Eine Landschaft muß kein gewaltiges Panorama sein. Auch ein einzelner Baum oder einige Steine am Strand können als Motiv genügen. Wenn Sie sich entschlossen haben, im Freien zu malen, suchen Sie sich etwas Vertrautes aus. Bedenken Sie bei Ihrer Motivwahl auch die Lichtverhältnisse, die je nach Wetter und Tageszeit unterschiedlich ausfallen. Ein unscheinbares Motiv, das unter grauem Himmel ganz uninteressant aussieht, kann in der frühen Morgensonne oder im Abendlicht mit funkelnden Farben und herrlichen Schatten zum Leben erwachen.

▲ ***Joel Smith, Wechsel der Jahreszeit***

Durch Konzentration auf einen bestimmten Aspekt läßt sich ein Bild oft spannender und persönlicher gestalten. Der Künstler war hier an den Formen und Farben der Blätter vor der rauhen Textur der Borke interessiert. Alles, was diese ›Botschaft‹ hätte verschleiern können, ließ er aus.

▲ ***Tim Pond, Harvard Gletscher in Alaska***

Dieses Motiv erhält seine Dramatik allein durch seine Größe. Die Schwierigkeit besteht darin, alles in das verfügbare Format zu bringen. In solchen Fällen muß man auf Überformate zurückgreifen, damit sich die Komposition besser entfalten kann.

Wenn Sie es sich nicht zutrauen, direkt vor Ort zu malen, fangen Sie mit einem Foto an. Vielleicht haben Sie einige schöne Urlaubsfotos, von denen eines zur Umsetzung drängt. Suchen Sie sich ein Foto aus, das Sie persönlich anspricht, damit Sie das Malen als Entspannung und Freude und nicht wie eine Schulaufgabe empfinden.

Ein Bild komponieren

Die nächste Überlegung gilt der Umsetzung des Motivs in ein Bild, der Komposition. Stellen Sie sich vor, Sie haben sich entschieden, einen Baum zu malen. Malen Sie ihn nun in die Mitte des Bildes oder

▲ ***Paul Millichip, Biegung in North Wales***

Wie in Joel Smiths Bild hat sich auch dieser Maler auf einen kleinen Teil der Landschaft konzentriert, nämlich das Gewirr der Umzäunung und des Buschwerks im Vordergrund. Das weite Land dahinter ist mit wenigen hellen Lavierungen und Strichen in Grün und Grau nur angedeutet.

▶ ***Elisabeth Harden, Spaziergang in den Dünen***

Bei der Komposition eines Bildes ist zu bedenken, wie man die einzelnen Teile verbindet: Vordergrund, Bildmitte und Hintergrund. Die Wirkung dieser Komposition beruht darauf, daß die Gräser im Vordergrund den Blick zu den Furchen des Feldes im Hintergrund führen.

▲ ***Ashton Cannel, Auf dem Trockenen, Hastings***

Eine dominante Form benötigt ein Gegengewicht. Das große Schiff wird von seinem Schatten und einer Reihe kleiner Formen in Balance gehalten.

leicht zur Seite gerückt? Zeigen Sie den ganzen Baum oder lassen Sie ihn mit der Krone aus dem Bild herausragen? Wenn Sie draußen arbeiten wollen, sollten Sie sich diese wichtigen Fragen vor dem Malen stellen. Nehmen Sie den auf S. 99 beschriebenen Motivsucher und legen Sie damit ein interessantes Motiv fest.

Vielleicht finden Sie, daß der Baum besser wirkt, wenn er leicht zur Seite gerückt erscheint oder einen großen Schatten als Balance erhält. In der Komposition gibt es wenig feste Regeln. Auf jeden Fall sollte man aber Symmetrien vermeiden, da solche Kompositionen langweilig und zusammenhanglos aussehen. Vermeiden Sie bei einem Seestück oder einer Landschaft, daß der Horizont in der Bildmitte liegt. Der Himmel kann ruhig den größten Teil des Bildes einnehmen, vor allem wenn er wolkenverhangen oder stürmisch ist. Ein kleiner Streifen Land und See genügt zur Verankerung.

Um ein Bild zu komponieren, muß man einige Elemente des Motivs auswählen, andere weglassen. Ein gutes Landschaftsbild ist keine Kopie des Motivs, sondern seine Umsetzung in Malerei. Überlegen Sie, ob die vielleicht vorhandenen Zäune, Telefonmasten oder Menschen in Ihrem Motiv die Bildwirkung abschwächen oder verbessern. Ist ersteres der Fall, schließen Sie diese Dinge aus der Komposition aus. Lassen Sie jedoch nicht automatisch Menschen oder

▲ ***Roland Roycraft, Der Sturm***

Himmel sind immer spannend und spielen außerdem in einer Landschaftskomposition eine wichtige Rolle. Der Himmel ist hier das Hauptmotiv des Bildes. Selbst wenn der Himmel nur einen kleinen Teil des Bildes einnimmt, geben Wolken, auch wenn man sie erfindet, der Landschaft Farbe und Bewegung.

▼ ***Pat Berger, Grand Canyon im Winter***

Der Raum wird hier von den verblassenden Farben im Hintergrund und dem sehr dunklen Schatten im Vordergrund gebildet. Landschaftliche Formationen in der Ferne haben nie dunkle Farben oder kräftige Tonwerte und Kontraste.

Menschenwerk weg. Ein Zaun kann ein hübsches Vordergrundmotiv sein. Eine kleine Figur in der Bildmitte gibt der Landschaft möglicherweise den nötigen Maßstab oder einen belebenden Farbtupfer.

Diese Ratschläge gelten auch für Fotovorlagen. Selbst wenn Sie ein Foto nur für den Zweck gemacht haben, es in ein Aquarell umzusetzen, bleiben Sie kritisch. Überlegen Sie immer, wie man etwas noch verbessern kann, wenn man die Komposition durch Auslassen oder Betonen von Details verändert.

Bildraum schaffen

Bei einem kleinen Motiv wie einem Park oder einem Garten braucht man sich keine Sorgen um den Raum zu machen. Handelt es sich jedoch um ein Seestück, eine Bergszenerie oder ein Panorama, muß man die Weite der Landschaft deutlich machen.

Wie stellt man diesen großen dreidimensionalen Raum auf einem flachen Stück Papier dar? Das ist kein Problem, wenn man einige einfache Regeln beherzigt. Sie werden schon bemerkt haben, daß Hügel in der Ferne blau oder blau-grün und viel blasser

als in der Nähe aussehen. Dieser als Luftperspektive bekannte Effekt wird von Staubpartikeln und Dunst in der Atmosphäre verursacht, die das Licht brechen und eigentlich eine Serie von dichter werdenden Schleiern über die fernen Landschaftselemente legen. Um also die Farben hinten im Bild hell zu halten, arbeitet man am besten von hinten nach vorne. Man beginnt mit hellen Lavierungen in Blau- und Grautönen und geht zu den intensiveren Farben im Vordergrund über. In der Nähe sieht man immer mehr Details und stärkere Hell-Dunkel-Kontraste.

▶ ***Ronald Jesty, Rand eines Feldes, Sedgemoor***

In diesem Bild wurde der Raumeindruck vor allem von der Linearperspektive geschaffen, indem die Gegenstände nach hinten immer kleiner werden. Beachten Sie die Größe der Bäume am Horizont im Verhältnis zu den Pflanzen im Vordergrund.

◀ ***Paul Millichip, Regen in Gwaun Valley***

Raumeindruck entsteht auch durch die Betonung von einem oder zwei Gegenständen im Vordergrund mittels starker Hell-Dunkel-Kontraste. Dieses Bild hat seinem Thema entsprechend kein scharfes Bildzentrum. Doch der helle Fluß und die kleinen weißen Steine auf dem Ufer rücken den Vordergrund ganz nahe an die Bildfläche.

▶ ***Paul Kenny, Ajmer in Rajasthan***

Die helle, aber intensive Farbgebung und die gelben, im Himmel verschwimmenden Berge geben Raum und Atmosphäre wieder. Da das eigentliche Bildzentrum, die Kuppeln und die feinen, spitzen Minarette, in einiger Entfernung liegen, hat sich der Künstler nicht um den Vordergrund gekümmert. In der Mitte des Bildes läuft ein Lichtreflex auf den Betrachter zu, der die Wasserfläche deutlich macht und zudem als ›Wegweiser‹ zu der in der Ferne leuchtenden Stadt dient.

Spart man Details und Tonwertkontraste für den Vordergrund auf, weicht der Hintergrund im Bild weiter zurück.

Auch die Linearperspektive (s. S. 120) ist in einer Landschaft von Bedeutung. Bäume und Felder werden in der Ferne zunehmend kleiner. Alle parallelen Linien konvergieren in der Ferne. Natürlich wird man in einer Landschaft kaum wirklich gerade Linien finden. Aber vielleicht beinhaltet Ihr Motiv auch ein Feld mit von einem Pflug gezogenen parallelen Linien oder einen Fluß, dessen Ufer in der Ferne zusammenkommen. Genaue Beobachtung dieser Dinge hilft dabei, im Bild Raum und Tiefe zu schaffen.

◀ Ashton Cannel, Carbis Bay, St. Ives

Das Raumgefühl dieses Aquarells hängt zum Teil von der Behandlung des Himmels ab. Auch in der Himmelszone gibt es wie bei Elementen auf dem Land eine perspektivische Bewegung. Wolken erscheinen größer und deutlicher, wenn sie genau über uns schweben und kleiner, wenn sie zum Horizont ziehen. Die Farben der Wolken sind am Horizont blasser und meist heller als die im Hintergrund liegenden Klippen oder Hügel.

Farben für die Landschaft

Neue Farben

Man kann zwar auch mit den zehn Ausgangsfarben der Grundpalette viele Farbtöne ausmischen. Doch wird man immer wieder auf einen Farbton stoßen, der sich nicht leicht ausmischen läßt. Nebenstehend sehen Sie einige Farbtöne, mit denen Sie Ihre Palette erweitern können.

Grüntöne ausmischen

Diese Tabelle zeigt Mischungen aus der Grundpalette. Es gibt aber in der Natur noch weitaus mehr Grüntöne. Erweitern Sie daher Ihre Palette mit den oben angeführten Blau- und Gelbtönen bzw. den fertigen Grüntönen. Mischen Sie aus diesen Farben einmal neue Grüntöne aus.

Laubbäume sind nicht einfach zu malen, vor allem dann, wenn sie sehr nahe stehen und jeder Zweig und jedes Blatt deutlich zu sehen ist. So läßt sich die Form des Baumes nicht mehr erkennen. Es ist jedoch wichtig, die Form des Baumes gleich am Anfang festzulegen. Die Umrisse des Baumes und der Wuchs der Krone geben jedem Baum sein charakteristisches Aussehen.

Projekt 1

Dunkle und helle Farben verwenden

Baumformen vereinfachen

Details mit einer Feder einfügen

WEGE ZUM GEMÄLDE

Laub malen

Betrachten Sie das Motiv mit halb geschlossenen Augen. Dadurch werden viele ablenkende Details ausgeschaltet.

Denken Sie auch daran, daß es im Laub immer einige dunkle Farbtöne gibt. Im Sonnenlicht zeigt ein Baum oft ein lebhaftes, ins Gelb gehende Grün, während die Schatten oft dunkles Blau-Grün oder schon Violett aufweisen. Beobachten Sie diese Farbnuancen genau, da Sie den Baum sonst nicht plastisch darstellen können.

Verwendete Farben

Die in dieser Übung verwendeten Farben sind von links nach rechts: Alizarinkarmesin, Scharlachlack, Indischrot, Lichter Ocker, Aureolin, Kadmiumgelb, Ultramarinblau, Malve, Indigo, Payne's Grau.

1 *Zuerst fertigte der Künstler eine sorgfältige Vorzeichnung von den schmalen Baumstämmen und dem Tor an. Bei diesen wichtigen Bildelementen müssen die Proportionen unbedingt stimmen.*

2 *Die ersten hellen Lavierungen werden mit einem Föhn getrocknet. Außer bei der Naß-in-Naß-Technik müssen die einzelnen Farbschichten immer vollkommen trocken sein.*

3

3 *Der schmale Baumstamm wurde mit einem spitzen Pinsel gemalt. Solange die Farbe noch feucht war, wurde etwas davon mit einem Wattebausch entfernt, um Lichtflecken anzudeuten. Baumstämme und Zweige sehen nicht realistisch aus, wenn man sie zu gleichmäßig malt. Es gibt immer Variationen in Farbe und Tonwert.*

4

4 *Das Laub dieses Baumes ist im Kontrast zu dem hellen Baum rechts sehr dunkel. Statt Grün nimmt der Künstler ein intensives Braun und Indigo, die Naß in Naß vermalt werden.*

weiter ☞

5 *Nach dem Trocknen mit dem Föhn wurden mit einer intensiven Indigolösung die Ränder der dunklen Blätter eingezeichnet. Diese Farbe bildet nun einen kräftigen Kontrast mit dem hellen Gelb, wo die Sonne auf den Busch im Hintergrund fällt.*

6 *Man kann dunkle Farben allmählich in Schichten aufbauen. Die wichtigsten Hell-Dunkel-Kontraste sollte man aber schon früh festlegen. Nachdem der dunkle Baum links schon fertig ist, hat der Künstler einen Anhaltspunkt für das Bild. Auch der rechte Baum erhält ähnliche Farbkombinationen.*

7 *Das Tor wird sorgfältig gemalt. Da es an zentraler Stelle im Bild steht, wäre jeder kleine Fehler sofort sichtbar.*

8 *Einige Bildteile wie das Tor und der untere Teil des linken Baumes sind nun fertig. Andere Stellen werden noch abgedunkelt. Bäume und Vordergrund erhalten weitere Details.*

9 *Typisch für die Lärche sind die nadeltragenden Zweige, die fast senkrecht von den schlanken, horizontal wachsenden Ästen herabhängen. Mit einer Feder, die feinere Linien als ein Pinsel schafft, wurden diese feinen Details eingezeichnet.*

10 *Statt Tusche, dem traditionellen Zeichenmittel für die Feder, verwendet der Künstler eine konzentrierte Aquarellfarbe, die er mit einem Pinsel aufnimmt und in die Feder füllt.* ❑

▶ ***John Lidzey, Landschaft mit Lärche***

Zuletzt hat der Künstler noch weitere Details bei den Bäumen und im Vordergrund eingezeichnet. Die Fläche oben links wurde abgedunkelt. Zuerst trug er eine Schicht Farbe auf und ließ sie trocknen. Mit einem weichen Bleistift kratzte er über die trockene Lavierung und legte kleine Tupfen Gouache auf das Tor. Auch die weißen Sonnenflecken auf dem Weg, die versehentlich übermalt worden sind, wurden mit Gouache gegeben. Nachdem das Laub nur flächig in Farbe und Tonwert angelegt ist, hat der Künstler gerade genügend Details eingetragen, um die Bäume wiedererkennbar zu machen.

Projekt 2

Bewegung schaffen

Die Wachsabdecktechnik verwenden

Nach Fotovorlage arbeiten

Es gibt kaum ein aufregenderes Motiv als Wasser. Doch sind die fließenden Formen und changierenden Farbnuancen nur sehr schwer im Aquarell festzuhalten. Einer der häufigsten Fehler besteht darin, jede Kräuselung und jede Welle wiedergeben zu wollen. Das führt zu einem ›totgemalten‹ Aquarell, das ohne jede Bewegung ist.

Wasser malen

Wie bei Bäumen muß man auch hier vereinfachen und stilisieren. Greifen Sie nur die wichtigsten Muster und Formen heraus. Auch wenn Wellen und Kräuselungen ständig in Bewegung sind, haben sie doch immer wiederkehrende Bewegungsabläufe.

Auch hier stehen spezielle Techniken zur Verfügung. Das gezeigte Wachsverfahren wird besonders für Seestücke bevorzugt. Versuchen Sie, auch mit weißer Gouache zu arbeiten. Kleine Lichter auf den Wellenkronen können mit Abdeckflüssigkeit erzeugt werden.

1 *Die Malerin legte zuerst eine helle Lavierung für das Meer und den Himmel an und skizzierte die Felsen grob. Sie arbeitete zwar nach einer Fotovorlage, brachte jedoch auch eigene Ideen ein. Die auf dem Foto fast senkrecht abstürzenden Klippen gleiten auf dem Aquarell diagonal ins Wasser, was für die Bildwirkung besser ist.*

2 *Mit einer weißen Öl-Wachskreide wurde über die hellblaue Lavierung gezeichnet. Die Malerin bemüht sich nicht um einen naturalistischen Effekt, sondern um eine freie, expressive Bildwirkung.*

Verwendete Farben

Die für die Übung verwendeten Farben sind von links nach rechts: Alizarinkarmesin, Siena gebrannt, Lichter Ocker, Ultramarinblau, Chromoxidgrün feurig, Saftgrün, Payne's Grau.

3 *Die dunkelblaue Lavierung über der Wachskreide hinterläßt kleine Tropfen und Flecken, die Wasser andeuten. Dann wurde mit der Kreide über die Klippen gezeichnet. Den Effekt sehen Sie in Schritt 4 und im fertigen Bild.*

4 *Da die Kreide weich ist, lassen sich kleine Partikel mit dem Messer wegkratzen. Die frei werdenden unteren Farbschichten deuten so die Gesteinslagen der Klippen an. Für diese Methode braucht man festes Papier. Man muß dabei darauf achten, daß man es nicht mit der Messerspitze verletzt.*

5 *Das Foto zeigt einen Baum im Vordergrund, der zunächst auch ins Aquarell übernommen wurde. Die Künstlerin entschied sich jedoch, ihn zugunsten der Komposition wegzunehmen. Sie wusch daher die Stelle mit einem Wattebausch und sauberem Wasser ab.* ❑

3

4

5

◀ ***Debra Manifold, Klippen bei Devon***

Korrektur und Übermalung wurden so sorgsam ausgeführt, daß man die Veränderung kaum erkennt. Das Aquarell ist nicht nur voller Bewegung, sondern unterscheidet sich auch in manch anderer Hinsicht von der Fotovorlage. Wenn Sie ein Foto verwenden, überlegen Sie immer gut, was Sie auslassen oder betonen können, um die Komposition Ihres Bildes spannender zu machen.

Einen eigenen Stil entwickeln

Die Aquarelle auf den folgenden Seiten zeigen zwar ähnliche Motive, unterscheiden sich jedoch in Stil und Ausführung erheblich voneinander. Wahrscheinlich liegt Ihnen das eine mehr, das andere weniger. Die Entscheidung für ein Bild hilft Ihnen auf jeden Fall, Ihren eigenen Malstil zu entwickeln.

▲ *Hazel Soan, Wasserfall*

Für Felsen und Wasser wurden mehrere kleine Lavierungen verwendet, wobei der Kontrast zwischen harten und weichen Rändern geschickt ausgenutzt ist. Der Himmel ist zwar nicht zu sehen, doch zeigen die scharfen Grenzen zwischen Lichtern und Schatten, daß das Licht stark sein muß. Für die Schatten wurde die Naß-in-Naß-Technik verwendet, bei der man die Farben weich vermalen kann.

▶ *Ronald Jesty, Haus im Wald*

Dieser Künstler malt Naß auf Trocken und legt mehrere Schichten an, um tiefe, intensive Farbtöne zu schaffen. Die brillanten Lichter sind der Blickfang und wurden deshalb sorgfältig geplant. Die leuchtenden Blätter links im Bild wurden zunächst mit Abdeckflüssigkeit abgedeckt und dann laviert. Nach dem Abreiben der Flüssigkeit wurden die Stellen mit Gelb übermalt.

▲ ***David Prentice, Jubilee Drive, Malvern Hills***

In diesem Bild ist der Pinselduktus deutlich zu sehen, vor allem bei den Bäumen im Vordergrund, wo dunkle Striche in verschiedene Richtungen über helle Farben gemalt wurden. Da Prentice auch in Pastell arbeitet, einer Technik, bei der die farbigen Striche eine wichtige Rolle in der Komposition spielen, wendet er das Aquarell in ähnlicher Weise an.

◀ ***La Vere Hutchings, L'Elégance***

Die Naß-in-Naß-Technik eignet sich besonders für weiche Effekte, die man an einem nebligen oder bedeckten Tag beobachten kann. Die Bäume verschwimmen mit ihren Reflexen im Wasser. Mit ihren Kronen tauchen sie in den Himmel ein. Nur wenige deutliche Akzente für Baumstämme und Äste wurden später Naß auf Trocken eingefügt.

▲ *Ronald Jesty, Pinie in Monterey*

Bäume, die weiter weg stehen, können stark stilisiert werden. Aber wenn man ein Baumporträt wie dieses hier vorhat, muß man sehr auf Details achten. Der Baum hebt sich als Silhouette vor dem Himmel ab. Daher wurde die Laubkrone vereinfacht, obwohl alle Zweige deutlich sichtbar sind und ein interessantes Muster bilden.

▶ *Tim Pond, Sonnenuntergang im Walforschungslager*

Pinseleffekte sind eine Spezialität von Jesty wie auch von Pond. Doch ist Ponds Technik anders ausgerichtet. Er baute die dunklen Farben der Wolken und ihre Reflexe mit kleinen, in alle Richtungen gehenden Pinselstrichen auf, die dem Bild Bewegung und Naturtreue verleihen. Der dunkle Himmel und der Vordergrund bilden den Rahmen für das Zentrum, die Spiegelung der untergehenden Sonne im Meer.

◀ ***David Ferry, Landschaft auf Zypern***

Dieses Bild wurde rasch vor Ort als Studie für ein größeres Werk gemacht. Das Hauptinteresse des Künstlers galt den schwingenden Linien der Landschaft und den Baumreihen. Dabei setzte er den Pinsel wie ein Zeicheninstrument ein und zog mit ihm die Kurven der Landschaft nach.

▶ ***Roland Roycraft, Aufklaren***

Selbst im Sonnenlicht ist Schnee nie ganz weiß. Auch die Schatten sind dunkler, als man meint. Hier wurden helle Gelb- und Blautöne als erste Lavierungen angelegt. Durch den Kontrast zu den dunklen blaugrauen und blau-grünen Schatten wirken die Lichter fast weiß.

Gebäude und Stadtlandschaften

Das Aquarell eignet sich besonders für architektonische Motive. Die rauhen Oberflächen alter Häuser etwa lassen sich sehr gut mit unregelmäßig angelegten Lavierungen wiedergeben. Saubere, scharfe Ränder und dekorative Details kann man wiederum mit einem kleinen Pinsel schaffen. Architekten oder Architekturzeichner zeigen potentiellen Kunden ihre Projekte gerne in Aquarell. Manche dieser Studien sind schon fast kleine Kunstwerke.

Ein Motiv auswählen

Der Begriff ›architektonische Motive‹ umfaßt ein weites Feld. Man kann darunter eine Stadtszene, eine große Kirche oder Kathedrale bis zu einem Bahnhof oder einer alten Holzscheune in einer Landschaft verstehen. Oder es ist auch nur das Detail eines Gebäudes, zum Beispiel eine Tür oder ein Fenster.

Falls Sie Ihrer Zeichenkünste nicht ganz sicher sind, sollten Sie ein kompliziertes Motiv wie das Panorama einer Stadt zunächst vermeiden. Häuser sind nicht einfach zu zeichnen. Bei einer Landschaft kommt man ohne viel zu zeichnen aus, doch ein Gebäude benötigt auch auf dem Papier ein solides Fundament. Selbst wenn ein Haus nur einen kleinen Teil in Ihrem Bild ausmacht, müssen Sie es überzeugend darstellen. Bevor Sie also anfangen, müssen Sie sich etwas mit den Regeln der Perspektive auseinandersetzen.

Perspektive

Perspektive ist nicht so abschreckend, wie es sich anhört. Sie basiert auf dem zentralen Grundsatz, daß Gegenstände bei zunehmender Entfernung kleiner zu werden

Weiter auf Seite 120 ☞

▲ ***Elisabeth Harden, Die Treppe***

Innenräume sind ausgezeichnete Motive, da sie die gleichen Vorteile wie ein Stilleben bieten. Man kann Gegenstände verschieben, um eine bessere Komposition zu erhalten, wie es die Künstlerin hier getan hat. Und vor allem muß man nicht mit den Unbilden des Wetters rechnen.

▲ *David Curtis, Der Freitagsmarkt in Doncaster*

Eine Stadtszene wie diese zu malen, erfordert sorgfältige Beobachtung, den korrekten Maßstab und die richtige Perspektive. Curtis' Skizzenbücher sind voller detaillierter Studien von Häusern, Menschen, Autos und Straßenbebauungen wie Lampenmasten, die er als Versatzstücke in seine Bilder einbaut.

◀ *Roy Preston, Verlassenes Gehöft*

Alte Häuser mit eingestürzten Dächern, zerbrochenen Fensterscheiben und zerfallenen Mauern sind bei Künstlern immer beliebt. Wie die Ruinen der Romantik sind diese Häuser geschichtsträchtig und strahlen eine Art Magie aus. Preston wählt die Nahsicht, um möglichst viele Texturkontraste, eine seiner Vorlieben, darstellen zu können.

Fester Blickpunkt

Ein architektonisches Motiv muß man von einem festen Blickpunkt aus zeichnen. Wenn man die Zeichnung im Stehen beginnt und sie im Sitzen beendet, hat sich die Horizontlinie verschoben. Auf den nächsten Seiten sehen Sie verschiedene Positionen von Fluchtpunkt und Horizont.

scheinen. Wenn gleich hohe Gegenstände in regelmäßigen Abständen voneinander stehen, wie zum Beispiel eine Reihe von Telefonmasten, scheinen sie kleiner und schmaler zu werden. Auch die Zwischenräume scheinen zunehmend kleiner. Das ist natürlich Illusion. Aber in gewissem Sinne ist auch die Malerei Illusion, wenn sie die dreidimensionale Welt auf die zweidimensionale Fläche eines Bildes bannt. Dabei hilft die Perspektive.

Überlegen Sie, wie die Perspektive auf Häuser wirkt, die aus meist geraden Linien bestehen. Da Gegenstände mit zunehmender Entfernung kleiner scheinen, folgt daraus, daß parallele Linien auf einen Fluchtpunkt am Horizont hin zusammenlaufen. Der Horizont hat in der Perspektive eine besondere Bedeutung. Er ist Ihre Augenhöhe, auf die die parallelen Linien von oben oder unten zulaufen. Wenn Sie auf einer Straße stehen, die von Häusern gesäumt ist, liegt Ihre Augenhöhe ungefähr in Türhöhe. Die Linien der Hausdächer streben nach unten. Wenn Sie die gleiche Straße von einem Hügel aus betrachten, liegt Ihre Augenhöhe höher, und die Linien der Dächer laufen nach oben.

Die genaue Position des Fluchtpunkts am Horizont wird von Ihrem Standpunkt bestimmt. Wenn Sie sich in der Mitte einer geraden Straße befinden, liegt der Fluchtpunkt direkt vor Ihnen. Betrachten Sie die Straße aus einem bestimmten Blickwinkel, ist der Fluchtpunkt nicht in der Mitte, sondern auf der rechten oder linken Seite. Aus einem sehr steilen Blickwinkel betrachtet, wird der Fluchtpunkt außerhalb des Bild-

Weiter auf Seite 124 ☞

Zentraler Fluchtpunkt
Bei einem zentral angelegten Fluchtpunkt (FP) sieht man deutlich, wie alle parallelen Linien darauf zulaufen. Leider sieht eine zentrale Ansicht ziemlich langweilig aus. Daher wählt man meist einen anderen Blickwinkel, so daß der Fluchtpunkt auf einer Seite der Häuser liegt (siehe auf der gegenüberliegenden Seite).

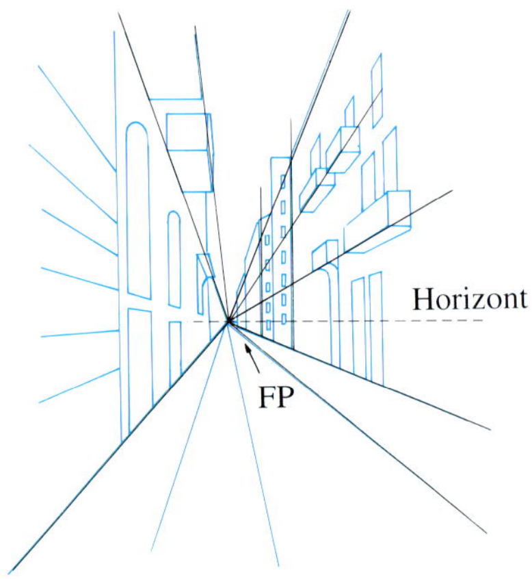

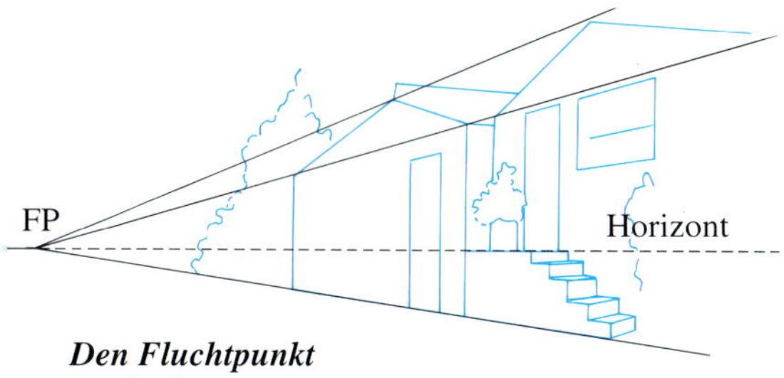

Den Fluchtpunkt wechseln
Hier werden die Häuser von einem spitzen Winkel aus betrachtet. Der Fluchtpunkt liegt außerhalb des Bildfeldes, in einiger Entfernung hinter den Häusern. In solchen Fällen kann man den Fluchtpunkt nicht kennzeichnen. Es ist aber hilfreich, vor dem Zeichnen die Horizontlinie anzugeben.

◀ ***Hazel Soan, Hazienda***

Dieses lebendige Aquarell zeigt die doppelte Funktion der Perspektive. Zum einen bewirkt sie, daß die Häuser plastisch und überzeugend dargestellt werden können. Zum anderen unterstützt sie eine gute Komposition. Die Diagonalen der Fluchtlinien sind sehr wichtig für das Bild. Sie bilden ein Gegengewicht zu den Vertikalen der Säulen, der Tür und der Fenster.

Zwei Fluchtpunkte
Wenn man beide Seiten eines Gebäudes sehen kann, gibt es zwei unterschiedliche Fluchtpunkte auf der gleichen Horizontlinie. Diese Häuser sind so hoch, daß sie in einem scharfen Winkel abfallen. Um diesen Winkel zu bestimmen, halten Sie Ihren Bleistift in Armlänge vor sich und bewegen ihn so lange, bis er mit einem Dach oder einem Fensterabschluß übereinstimmt.

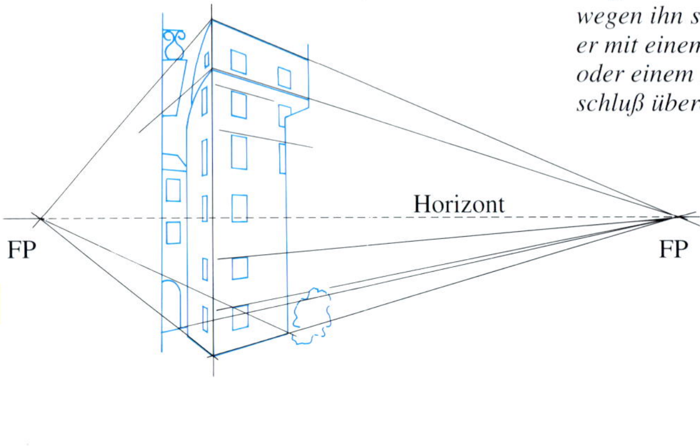

▲ ***Bryn Craig, Eds Supermarkt***

In diesem Aquarell gibt es zwei Fluchtpunkte, für jede Hausseite einen. Der Horizont liegt ungefähr in Höhe des Kioskdachs. Wenn man erst einmal die Horizontlinie markiert hat, ist es ziemlich einfach, die Winkel der anderen Linien festzulegen.

Farben für Gebäude

Grautöne und neutrale Farben ausmischen
Häuser sind vorwiegend in Braun- und Grautönen gehalten. Versuchen Sie also, Grautöne auszumischen, die nicht langweilig wirken. Aus der Mischung der drei Primärfarben entstehen bekanntlich neutrale Farben. Sie brauchen zwar nicht unbedingt neue Farben, doch könnten das kühlere Kobaltblau, Siena gebrannt und/oder Venezianischrot eine sinnvolle Ergänzung sein. Diese Rottöne sind für die Farben von Ziegeln gut geeignet.

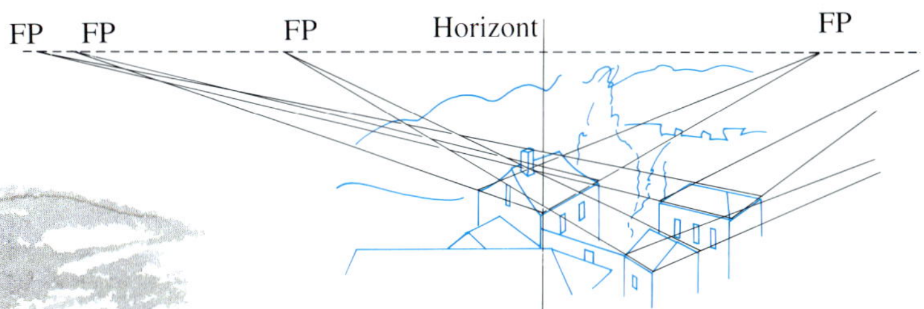

Mehrere Fluchtpunkte
Häuser sind nicht immer einfach in geraden Linien angeordnet. Eine Häusergruppe kann ganz verschiedene Fluchtpunkte haben. In dieser Zeichnung laufen die verschiedenen Fluchtpunkte auf eine hoch gelegene Horizontlinie zu.

▲ ***John Newberry, Erzbischöfliche Residenz in Salzburg***

Der niedrige Blickpunkt ergibt eine aufregende Komposition. Der spitze Winkel der Fluchtlinien läuft auf einen tiefliegenden Horizont zu. Dadurch werden die Höhe und die tafelartige Form des vorderen Gebäudes betont.

felds liegen. Manchmal gibt es auch zwei und mehr Fluchtpunkte, auf die jeweils verschiedene Fluchtlinien zulaufen. Man muß sich bei diesen Dingen genauso sehr auf die eigene Beobachtung wie auf die Regeln verlassen. Es lohnt sich also, sie zu kennen.

Das Bild komponieren

Es mag Sie überraschen, daß die Perspektive selbst im Aquarell eine Rolle spielt – nicht, um irgendwelchen trockenen Regeln zu genügen, sondern um die Komposition zu beleben. Sehen Sie aus verschiedenen Blickwinkeln auf ein Haus, zuerst frontal, dann von einer Seite und dann von einem sehr tiefen oder sehr hohen Standpunkt. Die langweiligste Ansicht ist sicher die frontale, da sie nur horizontale und vertikale Linien und keine Diagonalen aufweist. Egal, welches Motiv Sie nehmen, Ihre Komposition braucht Bewegung und Dynamik. Horizontale Linien wirken statisch, die Diagonalen dagegen dynamisch.

Bei architektonischen Motiven haben Sie nicht so viele Freiheiten wie bei Landschaften, wo man leicht einen Baum auf eine andere Seite des Bildes setzen kann. Bei Häusern können Sie nicht die Fenster kleiner machen oder dem Dach eine andere Form geben. Hier bestimmt der richtige Blickwinkel die Komposition. Ein hohes Gebäude sieht von unten dynamischer aus. Die

parallelen Linien treffen in spitzem Winkel am Horizont zusammen. Eine Stadtszene kann von oben besser aussehen, vielleicht von einem Fenster oder Turm aus betrachtet.

Sie brauchen nicht das ganze Gebäude zu malen. In einer engen Straße können Sie gar nicht weit genug Abstand haben, um das zu bewerkstelligen. Andererseits ergeben das Detail einer Hausfront oder einige Fenster und Balkone ein besseres Bild als die Ansicht der ganzen Straße. Seien Sie vorsichtig bei der Motivwahl. Lassen Sie das Stück eines Daches nicht vom oberen Bildrand abschneiden, nur weil es nicht ganz darauf paßte. Das ergibt eine unangenehme Bildwirkung.

▼ *Phil Wildman, Ansicht von Whitby*

Das Bild verdankt seine Wirkung dem Vordergrund. Die Pfähle und Stufen führen auf das Gebäude zu und betonen seine vertikalen Linien. Das ist der beste und womöglich einzige Fluchtpunkt, von dem aus dieser berühmte Londoner Pub gemalt werden kann. Manchmal bietet sich ein bestimmter Blickwinkel für die Komposition geradezu an, und man braucht nur noch eine Feinabstimmung vorzunehmen.

◀ *Hazel Soan, Die Ruine*

Dieses Aquarell ist sehr schön komponiert. Das Tor ist das Bildzentrum und wurde so plaziert, daß man die Innenseite des Bogens sieht. Die Steinmauer rechts dient als Gegengewicht. Die ausgeprägte Form des blauen Schattens betont den Vordergrund und kontrastiert mit den goldgelben Farbtönen der sonnenbestrahlten Steine.

Selbst Maler, die eigentlich nicht viel mit Häusern anfangen können, sind manchmal von ihrer Erscheinung an einem sonnigen Tag fasziniert. Licht und Schatten sind in der Lage, die langweiligste Mauer in ein Schauspiel unerwarteter Formen und Farben zu verwandeln.

Man muß allerdings ziemlich rasch die flüchtigen Schatten festhalten. Im ständigen Wechsel scheint jede neue Form interessanter als die vorherige. Wenn Sie vor Ort arbeiten, suchen Sie Ihr Motiv (mit Schatten) am besten einen Tag vorher aus. Legen Sie dann beim Malen zuerst die Schatten an, ohne sie später noch einmal zu verändern. Wenn Sie nach Fotovorlagen arbeiten, haben Sie dieses Problem nicht. Fotos können jedoch die Farben verfälschen. Machen Sie also auch bei Fotos zuerst Skizzen und Farbnotizen.

WEGE ZUM GEMÄLDE

Sonne und Schatten

Projekt 3

Die Komposition planen

Schatten malen

Abdeckflüssigkeit verwenden

1 *Das Aquarell wurde auf einer Reise in Spanien entworfen. Die Künstlerin machte zunächst eine lockere Vorskizze (links), um die Komposition zu planen. Einige vor Ort gemachte Fotos liefern ihr besondere Details für die spätere Arbeit im Atelier. Nach einer sorgfältigen Vorzeichnung trägt sie nun an den Stellen Abdeckflüssigkeit auf, wo Lichter entstehen sollen.*

1

Verwendete Farben

Die in dieser Übung verwendeten Farben sind von links nach rechts: Alizarinkarmesin, Kadmiumrot, Kadmiumgelb, Lichter Ocker, Ultramarinblau, Kobaltblau, Coelinblau, Hooker's Dunkelgrün, Saftgrün.

2 *Obwohl sie nicht direkt vor dem Motiv arbeitet, hält sie doch an derselben Vorgehensweise wie beim Arbeiten im Freien fest. Zuerst malt sie die Schatten, deren Formen und Farben in diesem Bild ein Hauptmotiv sind.*

3 *Die Abdeckflüssigkeit ist von der Schattenfläche im Vordergrund abgerubbelt worden. Nun werden weitere Farbschichten auf die erste blaue Lavierung gelegt, um auch die weißen Linien farblich einzubinden.*

4 *Die Rosa- und Gelbtöne des blühenden Baums sind genauso wichtig wie die Farben des Schattens. Daher werden sie als nächstes gemalt. Nach und nach werden die Farbtöne weiter abgedunkelt.*

5 *Das Bild wurde fast vollständig Naß auf Trocken aufgebaut. Nur an dieser Stelle hat die Malerin Naß in Naß gemalt, um bei Blumen und Blättern einen sanften Farbverlauf zu erreichen.*

weiter ☞

6 *In dieser Phase ist die Farbgebung bereits festgelegt. Weitere Lavierungen dunkeln die Farben noch etwas ab und intensivieren sie. Man muß sich von Anfang an eine Vorstellung vom fertigen Bild machen.*

7 *Das Muster auf dem Brunnen wird mit einer kräftigen Lösung Blau-Braun gemalt. Für die rechte Seite wird eine verdünnte Lösung verwendet. Die Perspektive ist genau berücksichtigt, denn die Sternformen werden in zunehmender Entfernung kleiner. Da dieser Teil im Bildzentrum liegt, würde jeder kleine Fehler sofort auffallen.*

8 *Mit einem kleinen Naturschwamm wird Farbe auf den rechten Baum aufgetupft. Das ergibt eine interessante gebrochene Textur. Man sieht diesen Effekt auch im fertigen Bild gegenüber deutlich.*

9 *Die vielfältigen Pinselstriche tragen nicht zuletzt zur Lebendigkeit dieses Bildes bei. Ein großer Rundpinsel wird für die ovalen Blätter des Laubes verwendet. Die Künstlerin arbeitet auf einem leicht geneigten Brett, so daß die Farbe herunterlaufen kann und sich am Ende eines Pinselstrichs sammelt.*

10 *Die spitz auslaufenden Blätter der Palme wurden mit einem kleineren Pinsel in einer leicht gestischen Bewegung gemalt.*

11 *Die Blütendolden auf dem Baum wurden mit Abdeckflüssigkeit geschaffen. Nach den ersten Lavierungen wurde sie abgenommen und mit hellen Gelbtönen an einigen Stellen übermalt, andere Stellen blieben weiß. Die dunklen Blätter wurden anschließend über den blühenden Baum gemalt.* ❑

▼ *Hazel Soan, Ein Hof in Spanien*

Die Künstlerin hat sich entschieden, den als zu schwer empfundenen Schatten vorne etwas zurückzunehmen. In den vorhergehenden Schritten konnten Sie sehen, daß dies der Schatten eines nicht im Bild befindlichen Gebäudes ist. Soan hat diese Stelle abgewaschen und einen weicheren, gebrocheneren Effekt geschaffen, der mehr mit dem übrigen Bild übereinstimmt. Wie diese Korrektur gemacht wurde, können Sie auf S. 88–89 sehen.

Projekt 4

Mit einer begrenzten Farbskala malen

Naß in Naß malen

Mischtechnik

Atmosphäre schaffen

Manchmal wird man von einem Motiv nur wegen seiner Atmosphäre angezogen. Atmosphäre ist ein wichtiger Aspekt in der Bildwirkung. Um sie richtig herüberzubringen, müssen die Farben sorgfältig ausgewählt werden.

Stellen Sie sich vor, Sie wollen etwa eine Strandszene im Sommer malen und ein Gefühl der Entspanntheit vermitteln. Verwenden Sie dazu helle, leuchtende Farben. Sollten im Motiv dunkle Farben vorkommen, ignorieren Sie sie einfach. Wenn Sie dagegen die Melancholie eines verlassenen Hauses oder die Kälte einer Industriestadt wiedergeben wollen, setzen Sie auf dunkle Farben und arbeiten vielleicht sogar an einem bedeckten Tag. Die Farbauswahl liegt bei Ihnen. Um zu malen, was man fühlt, muß man sich vielleicht bei dem, was man sieht, einige Freiheiten herausnehmen.

1 *Das neblig-weiche Licht braucht eine weiche Aquarelltechnik. Der Künstler beginnt mit Naß in Naß und läßt die Farben ineinanderfließen. Da nur die obere Hälfte des Papiers befeuchtet wurde, läuft die Farbe nicht in den Vordergrund, wo der Gehsteig eine andere Farbe erhalten soll.*

Verwendete Farben

Die in dieser Übung verwendeten Farben sind von links nach rechts: Alizarinkarmesin, Ultramarinblau, Lichter Ocker, Kobaltblau, Chromoxidgrün feurig, Vandyckbraun, Payne's Grau.

2 *Mit einer Wachskreide in Lichtem Ocker wird über eine trockene Lavierung in hellem Lichtem Ocker gezeichnet. Diese Stelle wird später mit der gleichen Farbe übermalt, so daß die Kreidestriche gerade noch sichtbar sind.*

3 *Die Naß-in-Naß-Lavierungen sind nun abgeschlossen. Das übrige Bild wird Naß auf Trocken weitergemalt. Die Rückläufe auf dem rechten Gebäude sind auch im fertigen Bild sichtbar, drängen sich aber wegen der anderen Details nicht so auf.*

4 *Der Gehsteig im Vordergrund erhält eine Textur, die in Spritztechnik mittels einer Zahnbürste und einer Braun-Ocker-Mischung ausgeführt wird.*

5 *Der Schatten des Schildes an der Bushaltestelle wird sorgsam gemalt, da er für die Komposition wichtig ist. Er verdeutlicht noch einmal den Einfall des Sonnenlichts.*

6 *Die Wolke wurde mit der Abklatschtechnik geschaffen. Farbe wird auf ein Stück Papier aufgetragen und dann auf die Malfläche aufgedrückt. Das Ergebnis sind unregelmäßige Flecken.* ❑

▲ ***Phil Wildman, Eine Straße in Mailand***

Dieses Aquarell ist voller Atmosphäre. Die dunklen Farben einer auf Braun-, Ocker- und Violettgrautöne begrenzten Farbskala schaffen eine ruhige, einsame Stimmung. Dieses Gefühl wird durch das dunstige Sonnenlicht, die leeren Autos und die kleine Gruppe an der Bushaltestelle unterstützt.

Die Technik auf das Motiv abstimmen

Vielleicht haben Sie ja schon einen persönlichen Malstil und eine für Sie passende Maltechnik erarbeitet. Ein neues Motiv könnte jedoch auch nach einer Umstellung der Technik verlangen. Wenn Sie etwa die harten Kanten von Häusern oder das Detail eines Balkons darstellen wollen, würde die Naß-in-Naß-Technik, die für Landschaften geeignet ist, versagen. Die hier gezeigten Bilder sollen Ihnen in dieser Hinsicht einige Anregungen bieten.

◀ ***Margaret M. Martin, Abendsonne***

Die Malerin beschäftigt sich hier weniger mit Details als mit dem Licht. Ihr Thema ist die Abendsonne, die das Schiff und die Bauten der Werft verändert. Das Bild wurde fast ganz in der Naß-in-Naß-Technik gemalt. Nur die Akzente setzte sie zum Schluß Naß auf Trocken.

◀ ***Ray Evans, Der Puppenladen***

Wenn Sie sich auf einen kleinen Teil eines Hauses konzentrieren, werden Details wichtig, ohne die das Bild langweilig und nichtssagend wirkt. Mit Hilfe von Linie und Lavierung hat der Künstler den Charme der Ladenfront, der Einrichtung des Schaufensters und der Ziegelmauer eingefangen. Hätte er die vielen Details mit einem Pinsel einzufügen versucht, wäre wahrscheinlich ein vollgestopftes, lebloses Bild herausgekommen.

▶ ***Alan Simpson, Whitehall***

Die Zeichnung im Aquarell Der Puppenladen *wurde mit einer feinen Feder und schwarzer Tusche ausgeführt. Hier arbeitete der Künstler mit einer Bambusfeder, einem relativ stumpfen Zeicheninstrument, das einen gröberen, etwas trockenen und gebrochenen Strich ermöglicht, der gut mit den zarten Lavierungen harmoniert.*

▲ ***Dennis Roxby-Bott, Pavillon in Brighton***

Ein so kompliziertes Motiv muß sorgfältig vorgezeichnet werden. Man kann die Linien nach dem Trocknen der ersten Farbschichten wieder ausradieren oder sie mit Bleistift noch weiter verstärken, wie es der Künstler hier getan hat. Da Bleistiftstriche heller als Tuschelinien sind, harmonieren sie gut mit den Aquarellfarben, vor allem dann, wenn die Farbigkeit zart und hell gehalten wird.

◀ ***Neil Watson, Balkone***

Auch hier wurde Aquarell mit Tuschezeichnung kombiniert. Beide Techniken sind so geschickt integriert, daß man kaum sagen kann, wo das Aquarell aufhört und die Zeichnung beginnt. Der Künstler arbeitete auf einem sehr rauhen Papier, das die Tuschelinien und die Lavierungen aufbricht und einen interessanten, perlenden Effekt ergibt.

▶ ***Janet Boulton, Junge auf einem Delphin***

Der stark hervortretende Vordergrund gibt diesem Bild seine besondere Wirkung. Mit einem weichen, dunklen Bleistift wurde in die trockene Farbe hineingezeichnet. Es ist kein Zufall, daß fünf der sieben Bilder auf diesen Seiten mit Hilfe von Linie und Lavierung angefertigt wurden, denn das ist die beste und daher am häufigsten verwendete Methode zur Darstellung architektonischer Motive.

▼ ***David Curtis, Am Hafen von Hydra***

In diesem Aquarell wurden alle Details mit einem kleinen Pinsel gemalt. Bei einer Fernsicht sollte man Details nicht übertreiben. Doch ist es wichtig, jedes Haus in seinem charakteristischen Aussehen, seiner Höhe, der Zahl seiner Fenster usw. festzuhalten. Obwohl der Künstler die Häuser weiter hinten nur angedeutet hat, setzte er hier und da mit einem Dach und einem Fenster überzeugende Akzente.

Stilleben und Blumen

Wie Landschaft und Architektur ist das Stilleben ein ansprechendes Thema und bietet zahlreiche Motive. Was aber noch mehr zählt: Sie haben die völlige Kontrolle über Ihr Motiv und dadurch Gelegenheit, Ihre technischen und kompositorischen Fähigkeiten zu verbessern. Malen Sie im Freien, müssen Sie die Motive so nehmen, wie Sie sie vorfinden. Ein Stilleben können Sie nach Belieben umstellen und sich zum Malen soviel Zeit lassen, wie Sie wollen.

Das Motiv auswählen

Natürlich müssen sich nicht alle Stilleben in einem Haus abspielen, auch wenn der Begriff Bilder von Obstschalen, Blumenvasen und Flaschen auf einem Tisch assoziiert. Solche Motivgruppen bieten auch im

▲ Ronald Jesty, Eine schöne Tasse Tee

Der Künstler hat aus einem Minimum an alltäglichen Dingen das Beste herausgeholt. Er achtete besonders auf das Muster der Teetasse, die Rosinen im Keks und brachte sich sogar selbst als Reflex auf der silbernen Teekanne ein, was dem ganzen Bild eine persönliche Note gibt.

▶ Terry Longhurst, Stilleben im Keller

In dem Aquarell Eine schöne Tasse Tee *konzentrierte sich Jesty ganz auf sein Stilleben, so daß es kaum einen Hintergrund gibt. In diesem Bild werden die Dinge in ihre Umgebung gestellt. Diese Art von Stilleben braucht keine großen Veränderungen, um eine gelungene Komposition zu ergeben.*

▲ *Shirley Felts, Stilleben mit Obst*

Dieses wundervolle Bild erkundet ein konventionelleres Motiv: Blumen und Obst, ein beliebtes Thema seit den Anfängen der Stilllebenmalerei. Die Farben sind gekonnt aufeinander abgestimmt. Die tiefen Violett-, Rotbraun- und Blautöne der Weintrauben und des Hintergrundes kontrastieren so stark mit den brillanten Farben der übrigen Früchte, daß sie fast wie von innen leuchten.

Freien genügend interessante Möglichkeiten. Leere Sonnenstühle am Strand, Blumen auf einer Veranda, eine Gartenplastik oder auch einige Gartengeräte können als Motive für Stilleben dienen.

Für den Anfang sind aber Stilleben, die man zu Hause aufbauen kann, besser geeignet. Man kann alles malen, was man will, von einem Blumenarrangement bis zu einigen Früchten auf einem Teller oder den Resten einer Mahlzeit auf dem Eßtisch. Die meisten Stilleben haben ein Thema, das die Gegenstände unter einem Nenner vereint. Ein beliebtes Thema ist das Küchenstilleben mit Obst und Gemüse und vielleicht einem Küchenmesser und Schneidebrett. Das Thema kann aber auch rein visuell sein. Wenn Ihr Motiv zum Beispiel eine Vase mit blauen Blumen ist, könnten Sie ein Buch mit einem blauen Umschlag danebenlegen, um eine Farbbeziehung herzustellen.

Einige Stilleben erzählen auch eine Geschichte, meist die des Künstlers. Eines von van Goghs frühen Gemälden, als er noch als Landarbeiter Szenen des Bauernlebens malte, besteht aus nicht mehr als einem Paar dreckiger, abgetragener Schuhe. Später in Südfrankreich malte er einen Stapel von Büchern auf einem Tisch. Van Gogh war besessener Leser, und die Bücher, die identifiziert werden können, zeigen seine Interessen.

Ein Blumenstilleben arrangieren

1 *Eine hoch aufragende Vase mit Blumen braucht andere Gegenstände als Gegengewicht. Der kleine blaue Topf und die Schale harmonieren hier gut mit den übrigen Rosa- und Blautönen.*

2 *Die lange Linie der Tischrückseite wirkt etwas ablenkend. Stellt man die Gruppe ans andere Tischende, wirkt sie interessanter. Der kleine Topf muß etwas von der Vase weggestellt werden, damit jede Form klar zu erkennen ist.*

3 *Der Hintergrund braucht Farbe und Bewegung. Daher wird ein Stück blaues Tuch dahintergehängt.*

4 *Die Serviette hat die Komposition unnötig verkompliziert. Sie wurde daher entfernt.*

◀ ***Rachel Gibson, Fünf Kumquats***

Wenn Sie an Mustern und Ornamenten interessiert sind, versuchen Sie einmal, ein Stilleben von oben zu malen. Diese Gruppe mag in Augenhöhe langweilig aussehen, von oben gesehen läßt sich das Muster der Tischdecke gut erkennen. Früchte und Topf im Hintergrund geben eine Serie von Kreisen und Ovalen ab. Lassen Sie ruhig ein oder zwei Objekte vom Bildrand abschneiden, wie das hier bei der Grapefruit und dem Topf geschieht. Das ergibt oft eine spannendere Komposition.

▶ ***Shirley Felts, Stilleben mit Weintrauben***

Formen haben besondere Eigenschaften. Aus bestimmten wahrnehmungspsychologischen Gründen ziehen uns gerade Kreise besonders an. Viele Stillleben weisen in irgendeiner Form Kreise auf: Teller, Obst, Flaschenöffnungen oder einen runden Tisch. Zur Balance der Komposition braucht man aber noch andere Formen. Die sich nach oben streckende Vase bildet das perfekte Gegengewicht zur Tischfläche und Teekanne, während die Trauben ein unregelmäßiges Dreieck bilden.

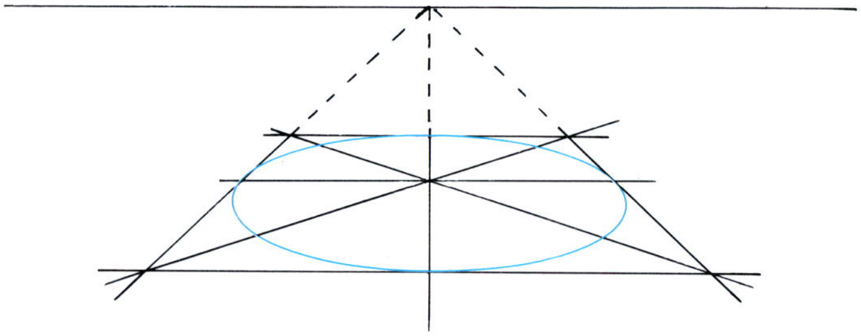

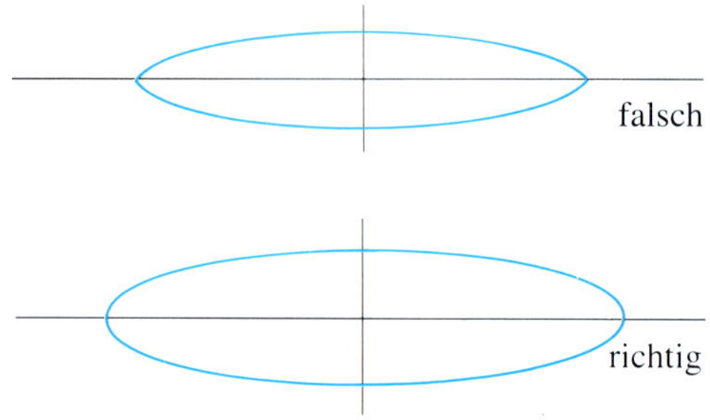

Kreise und Ellipsen zeichnen
Kreise und Ellipsen, also perspektivisch gesehene Kreise, sind viel einfacher zu zeichnen, wenn man sich daran erinnert, daß sie in Quadrate passen (rechts). Die Abbildung oben zeigt das Quadrat in einem Winkel.

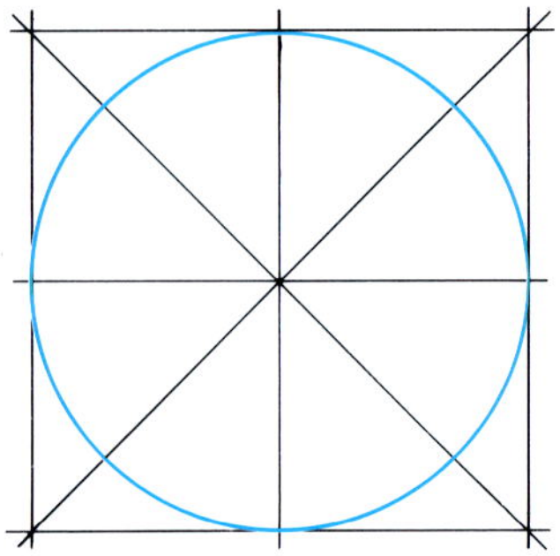

Ellipsen
Ein häufiger Fehler beim Zeichnen von Ellipsen ist das Quetschen der beiden Seiten. Vermeiden Sie dies beim Zeichnen von Vasen oder Flaschen, indem Sie die ganze Ellipse einzeichnen, selbst wenn sie nicht ganz zu sehen ist.

▶ Ronald Jesty, Kupferkessel und blaue Schale

Der Künstler hat einen ziemlich hohen Blickpunkt eingenommen, um die Schale als offene Ellipse zu gestalten. Die Komposition ist sehr gut aufgebaut. Obwohl es nur zwei Objekte sind, wurde durch die Reflexe im Metall und die als Hintergrund verwendete Zeitung eine Vielzahl von Formen geschaffen.

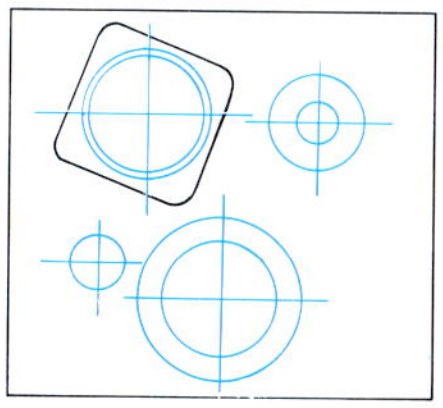

Kreise und Ellipsen erkennen
Schaut man von oben auf eine Vase oder eine Flasche, erkennt man die sonst verborgenen Kreisformen.

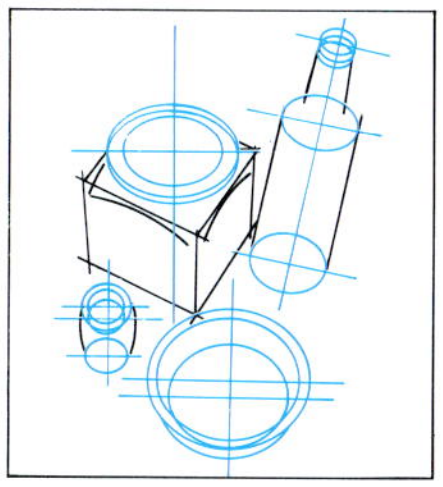

Von schräg oben gesehen, werden die Kreise zu weiten Ellipsen.

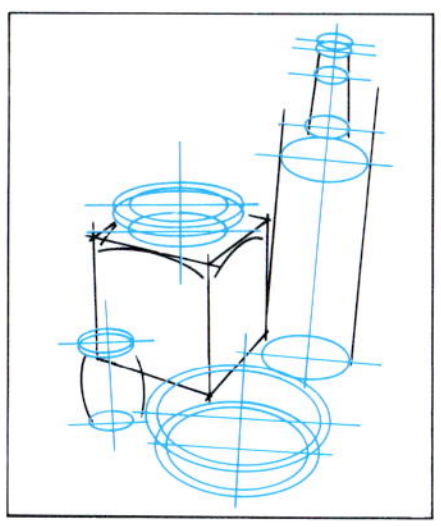

Je näher zur Augenhöhe die Ellipsen kommen, desto enger erscheinen sie. Die Ellipse am Boden ist weiter als die oben.

Komposition
Beim Stilleben wird die Komposition bereits vor dem Malen beim Zusammenstellen der Gegenstände erledigt, was einige Zeit dauert. Damit ein Stilleben nicht zu langweilig aussieht, versuchen Sie, die Gegenstände so aufzustellen, daß unterschiedliche Formen zu sehen sind. Achten Sie darauf, daß die Abstände unterschiedlich groß sind. Das leichte Kippen des Tisches (im Bild) macht die Komposition oft interessanter. Dadurch ergeben sich diagonale Linien, die das Auge in das Bild führen. Horizontale Linien haben den gegenteiligen Effekt.

Stellen Sie einige Dinge näher zu sich und scheuen Sie nicht vor Überschneidungen zurück, das schafft optische Verbindungen im Bild. Achten Sie jedoch darauf, keinen Gegenstand ganz zu verdecken oder das Raumgefühl durch ›Herauszwacken‹ eines Teils aus dem Gegenstand im Hintergrund zu stören. Wenn Ihr Stilleben auch einen Krug beinhalten soll, stellen Sie ihn so, daß er nach innen und nicht aus dem Bild zeigt.

Achten Sie auf die Abstände zwischen den Objekten. Zu wenig Abstand kann gedrängt aussehen, zuviel Abstand zerstört den Zusammenhang. In solchen Fällen helfen Sie mit Schatten als Verbindungsglied ab.

Sobald Sie eine lebendig wirkende Gruppe aufgestellt haben, überprüfen Sie sie noch einmal mit dem Motivsucher, den wir auf Seite 99 vorgestellt haben. Schnell sehen Sie dann, ob alles in das Bildfeld paßt. Vielleicht müssen Sie noch in letzter Minute einige Veränderungen vornehmen. Vielleicht ragt ein Gegenstand über den Bildrand hinaus, oder es herrscht vorne im Bild zu viel leerer Raum. Betrachten Sie Ihr Stilleben aus verschiedenen Blickwinkeln durch den Motivsucher. Wenn eine Gruppe von vorn zu langweilig aussieht, kann ein seitlicher oder höherer Blickpunkt eine spannendere Komposition ergeben.

Perspektive
Stilleben werden meist auf einem Tisch oder einer ähnlichen glatten Fläche arrangiert. Daher muß auch der Tisch perspektivisch richtig dargestellt werden, sonst wirkt das ganze Bild schief. Für diese perspektivische Darstellung gelten die gleichen Regeln wie für Gebäude (s. S. 118–125).

Für Stilleben sollten Sie aber auch Kreise und Ellipsen (= perspektivisch gesehene Kreise) zeichnerisch bewältigen können, da es kaum Stilleben ohne Ellipsen in Form von Tassen, Tellern, Schüsseln und Flaschen oder Vasenöffnungen gibt. Eine falsch gemalte Ellipse kann einen Gegenstand bizarr und unrealistisch aussehen lassen.

Das Problem der Ellipsen wird Ihnen noch öfter begegnen. Es gibt aber eine einfache Regel. Kreise passen in Quadrate. Wenn Sie also ein Quadrat zeichnen können, ist es auch nicht weiter schwer, einen Kreis darzustellen. Sehen Sie sich die Zeichnungen dazu an. Wenn man die Regel kennt, garantiert das aber noch lange keinen Erfolg, denn es ist nicht einfach, Quadrate perspektivisch zu zeichnen. Aber es hilft, das Grundprinzip zu verstehen. Eine falsche Ellipse erkennen Sie, wenn Sie ein Quadrat darüberlegen.

Beim Zeichnen von Gegenständen sind die Seiten oft ungleich lang. Um das zu verhindern, deuten Sie eine schwache Linie an, die das Zentrum zeigt. Bei hohen, schmalen Gegenständen wie einer Flasche oder einer Vase ziehen Sie diese Linie bis zum Boden, um beide Seiten gleich lang zu bekommen. Messen Sie nach, wenn Sie unsicher sind.

Blumenformen vereinfachen

Die zeichnerische Bewältigung von Ellipsen hilft Ihnen auch bei Blumen, die ziemlich schwer zu malen sind. Blumen sehen kompliziert, ja sogar verwirrend aus. Man kann sie aber auf einige Grundformen zurückführen. Einige Blumensorten sind glocken- oder fast röhrenförmig, andere, wie Lilien, haben eine in einen Kreis einbeschriebene Glokkenform. Die meisten Blumen können auf die Kreisform zurückgeführt werden, die bei seitlicher Drehung zur Ellipse wird.

Wenn Sie zum ersten Mal ein Blumenstück zeichnen, sollten Sie es einfach halten und komplizierte Details der Blütenblätter vermeiden. Zeichnen Sie die Hauptformen als Kreise oder Ellipsen. Achten Sie auch darauf, wie die Stiele zur Blume führen und wie sie in der Vase ›sitzen‹. Stiele werden häufig von anderen Blumen oder Blättern verdeckt. Sie müssen trotzdem den Eindruck vermitteln, daß jede Blume aus einem Stiel herauswächst, der in der Vase verankert ist.

▲ ***William C. Wright, Warten auf den Frühling***

Dieses Stilleben könnte fast eine Übung zur Perspektive sein. Der Künstler verfolgte das Ziel, jede Ellipse, jeden Winkel und jede Linie sorgfältig wiederzugeben. Die ganze Komposition ist aber auch voller Dynamik und Farbe. Die Schatten der Töpfe und Fensterstreben schaffen nicht nur ein eigenes Muster, sondern verbinden auch die einzelnen Objekte untereinander.

▶ ***Rosalind Cuthbert, Sonnenblumen***

Die sich in alle Richtungen biegenden Blütenblätter sind zwar kompliziert, doch beruhen die Blumen auf der Grundform des Kreises, der beim Drehen der Blume zur Ellipse wird. Man sollte nicht jede Blume von vorn malen. In einem Stilleben sieht man auch viele von der Seite.

Blumenformen
Viele Blumen, wie diese Gänseblümchen, basieren auf einer Kreisform. Achten Sie auf diese Grundformen. Lassen Sie die Details der Blütenblätter so lange aus, bis Sie die richtige Neigung der Blumenköpfe und ihre Größen im Verhältnis zu den Stielen festgelegt haben. Die Stiele sind genauso wichtig wie die Blumenköpfe selbst. Studieren Sie sie beim Zeichnen genau, um zu sehen, wie sie sich biegen und wie sie etwas anschwellen, wo sie den Blumenkopf halten.

Farben für Blumen

Wenn Sie sich auf Blumenmalerei spezialisieren wollen, brauchen Sie bestimmt einige zusätzliche Farben. Viele aus den Primärfarben gemischte Sekundärfarben leuchten nicht so stark wie die im Handel erhältlichen, fertig gemischten Farbtöne. Die rotvioletten Farbtöne sind fast unmöglich sauber auszumischen, und Kadmiumorange etwa ist wesentlich heller als eine Mischung aus Kadmiumrot und Kadmiumgelb.

Wegen seiner reflektierenden Oberfläche bietet Glas ein Spiel heller Lichter. Seine Transparenz schafft faszinierende verzerrte Fomen – ein lohnendes Motiv. Die Umsetzung ist gar nicht so schwierig, vorausgesetzt, Sie studieren Ihr Motiv genau. Auf einer gebogenen Glasfläche, wie auf diesen Flaschen, fangen sich das meiste Licht und auch die Schatten auf den Seiten,

Projekt 5

Transparente Gegenstände malen

Farbharmonie erzielen

Farben aufbauen

WEGE ZUM GEMÄLDE

Glas malen

die daher entweder sehr hell oder sehr dunkel sind. In der Flaschenmitte ist das Glas am durchscheinendsten und zeigt die Farbe des Hintergrundes. Am besten wählt man einen dunklen, lebhaften Hintergrund. Das betont die Transparenz und ermöglicht eine intensive Farbgebung des Glases.

Achten Sie beim Aufstellen des Stillebens auf den Lichteinfall. Glas sollte immer einige Lichter zeigen. In diesem Beispiel kommt das Licht von einem Fenster links und gibt eine gute Balance zwischen Licht und Schatten. Verwenden Sie künstliches Licht, sollten Sie die Lichtquelle nicht zu nahe an das Stilleben stellen. Die so entstehenden harten Schatten lassen die Farben zu gleißend erscheinen.

Verwendete Farben

Die in dieser Übung verwendeten Farben sind von links nach rechts: Kadmiumrot dunkel, Permanentrosa, Kadmiumorange, Kadmiumgelb, Phthaloblau, Kobaltblau, Kobaltgrün.

1 *In allen Haushalten sind Glasflaschen, Schüsseln, Schalen und farbige Geschirrtücher vorhanden. So läßt sich dieses Stilleben ohne großes Suchen schnell aufbauen.*

2 *Die Künstlerin zeichnet mit einem kleinen Pinsel und verdünnter Farbe, die sich mit den folgenden Farblavierungen gut verbinden läßt. Das sei allerdings Anfängern nicht empfohlen, da man die Pinselzeichnung nicht entfernen kann.*

3 *Der Hintergrund, Teile der Flaschen und das Tischtuch erhielten erste Lavierungen mit gestischen Pinselstrichen in Kobaltgrün. Das Auftragen der gleichen Farbe im Hinter- wie Vordergrund schafft im Stillleben optische Verbindungen.*

4 *Nachdem im ganzen Bild helle Farben aufgetragen und der Hintergrund hinter den Flaschen abgedunkelt wurde, werden mit einem feinen Pinsel die Flaschenhälse und die Ränder eingezeichnet.*

5 *Um die subtile Farbgebung des Bildes zu bewahren, wird das tiefe Blau der Schale etwas ›heruntergespielt‹. Achten Sie genauso sehr auf die Bildwirkung wie auf die vor Ihnen stehenden Objekte. Verändern Sie ruhig die Farben, wenn sie im Bild nicht richtig harmonieren.*

6 *Die Geschirrtücher im Vordergrund erhalten letzte Akzente, die aber sehr zurückhaltend gesetzt werden, um die Frische der Farbgebung nicht zu zerstören.* ❑

◀ ***Rosalind Cuthbert, Stilleben auf rundem Tisch***

Die hellen, aber zarten Farben wurden durch eine Folge von Farbschichten erzielt. Diese Schichten sieht man besonders deutlich im rechten Teil des Tischtuches und auf den Flaschen, die schillernde Nuancen von Gelb-, Rosa-, Blau- und Grüntönen zeigen. Nur sieben Farben wurden verwendet, und keine Mischung enthielt mehr als zwei Farben.

Blumenstilleben

Projekt 6

Ein Blumenstilleben arrangieren

Weiß ›malen‹

Die Komposition verbessern durch Weglassen

Blumensträuße gehören zu den beliebtesten Stillebenmotiven. Das verwundert nicht, denn Blumen sind wunderschön und farbenfroh, eines der Meisterstücke der Natur. Nehmen Sie für die ersten Versuche nicht mehr als zwei Sorten Blumen.

Machen Sie eine sorgfältige Vorzeichnung, versuchen Sie jedoch nicht, jedes Blütenblatt wiederzugeben. Achten Sie auf die Grundformen der Blumen und ihr Verhältnis zur Vase. Malen Sie auch nicht mit zu kleinen Pinseln, sondern gehen Sie das Malen frei und zügig an. Blumen brauchen auch beim Malen eine leichte Hand, auf keinen Fall eine Farbschicht über der anderen. Wenn Sie weiße Blumen ausgesucht haben, sollten Sie die hellen Stellen mit Abdeckflüssigkeit aussparen.

Verwendete Farben

Die in dieser Übung verwendeten Farben sind von links nach rechts: Violettalizarin, Ultramarinblau, Kobaltblau, Coelinblau, Saftgrün, Hooker's Grün, Chromoxidgrün stumpf, Kadmiumgelb hell, Indischgelb, Indigo.

1 *Die Blumen wurden sorgfältig arrangiert. Einige stehen höher als andere in der Vase, einige sind weggedreht, und einige kleine Blüten schauen über den Vasenrand. Zunächst machte die Malerin eine rasche Vorzeichnung zur Festlegung der Komposition.*

2 *Dann wird die Zeichnung auf das Aquarellpapier übertragen. Einige Stellen der weißen Blüten sind mit Abdeckflüssigkeit ausgespart. Blätter und Vase erhalten helle grüne und blaue Lavierungen. Hier wird gerade eine blaue Lavierung sorgfältig um die Ränder der Blütenblätter vor der Vase, die nicht abgedeckt wurden, gelegt.*

3 *Die Kornblumen werden skizziert. Nach dem Trocknen werden Details eingetragen. Um die Blumen besser studieren zu können, hält die Malerin zwei von ihnen in der Hand.*

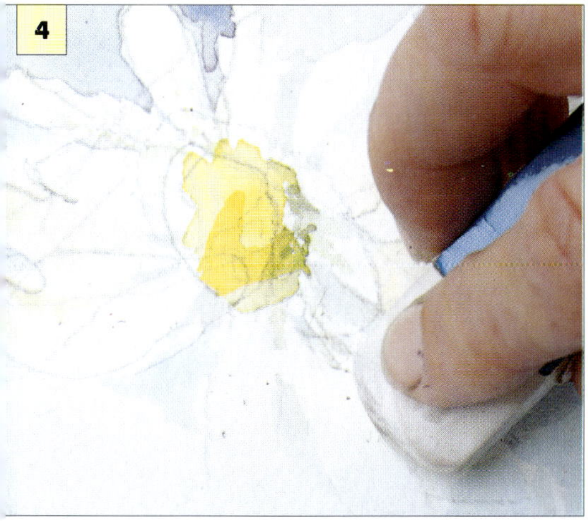

4 *Die Blume links im Bild wurde mit Abdeckflüssigkeit gemalt. Dadurch konnte die Malerin den hellen Hintergrund rasch und frei lavieren. Nach dem Trocknen der Lavierung wurde die Abdeckflüssigkeit mit einem Radiergummi, der auch die Bleistiftlinien entfernt, weggerubbelt.*

5 *Ein ganz feiner Pinsel wird verwendet, um die dunklen Ränder der Blütenblätter in der Mitte einer Kornblume wiederzugeben. Bei einem guten Blumenstillleben sollte man schon die Blumensorten wiedererkennen. Bemühen Sie sich also auch um die Details.* ❑

▲ *Elisabeth Harden, Gänseblümchen und Kornblumen*

Durch das Weglassen des Vasenfußes lenkte die Künstlerin den Blick mehr auf die Blumen. Obwohl die Farbgebung hell gehalten ist, gibt es auch ausreichend dunkle Farbstellen, die die weißen und gelben Farben sich abheben lassen. Auch der helle Hintergrund ist gut gewählt. Ein dunkler Hintergrund würde härtere Kontraste und stärkere Farbeffekte erfordert haben. Das Thema dieses Blumenstillebens war aber Helligkeit und Zartheit.

Galerie

Stilleben beleuchten

Die richtige Beleuchtung ist beim Stilleben oder einem Blumenstrauß fast so wichtig wie die Gegenstände selbst. Das von vorn einfallende Licht ist meist nicht sehr befriedigend, da es kaum Schatten wirft und daher die Formen zu flach erscheinen läßt. Normalerweise läßt man das Licht von der Seite einfallen, weil die Gegenstände dadurch deutliche Schatten auf einer Seite und Lichter auf der anderen haben. Beleuchtung der Rückseite kann wirksam sein, wenn man einen Silhouetteneffekt wünscht.

▶ ***Shirley Felts, Blaue Iris***

Weiches Licht von links und etwas hinter dem Strauß ergab deutliche Schatten und dunkelte die Blumen rechts so weit ab, daß der Strauß Form und Volumen erhielt. Harte Ränder bei den Schatten, die nicht zur einfühlsamen Behandlung der Blumen passen, wurden vermieden.

◀ ***John Lidzey, Stilleben auf einem Fensterbrett***

Der Künstler wollte hier eine hell beleuchtete Stillebengruppe vor einem dunklen Hintergrund malen. Das Licht kommt von einer Lampe von vorn, fällt aber leicht seitlich, so daß der Lichtreflex im Spiegel nicht zentral aufscheint. Die Lichter sind ein wichtiges Thema im Bild. Der Künstler schob daher die Lampe so lange hin und her, bis er die beste Position fand.

▶ ***Ronald Jesty, Williamsbirnen***

Wie im gegenüberliegenden Blumenstück kommt das Licht auch hier von links. Es ist aber beträchtlich stärker, weil der Künstler den Kontrast zwischen Hell und Dunkel betonen wollte. Die tiefen Schatten auf den Birnen wie auf dem Teller und dem Tischtuch verstärken die brillanten Gelbtöne der Früchte.

◀ ***Elisabeth Harden, Krüge im Lampenlicht***

Die Lampe diente in diesem Aquarell als Hauptmotiv wie auch zur Beleuchtung des Stillebens. Die einfache Farbgebung in Blau und Gelb strahlt Ruhe und Harmonie aus.

▶ ***Rosalind Cuthbert, Tigerlilien II***

Das Licht kommt vom Fenster und verwandelt Fensternische und Tischfläche in klare weiße Formen. Die Künstlerin verzerrte die Perspektive absichtlich, um das Spiel der Kurven des Krugs und der Blumen im Kontrast zu den scharfen Diagonalen besser darstellen zu können.

Tierdarstellungen

WEGE ZUM GEMÄLDE

Wegen seiner Vielseitigkeit ist Aquarell auch das perfekte Darstellungsmittel für Tiermotive. Man kann rasch große Farbflächen anlegen, Naß in Naß arbeiten (s. S. 64), um weiche Effekte zu erzielen, Vogelfedern oder das lange Haar von Katzen oder Hunden mit dem Pinsel wiedergeben und mit einem kleinen Pinsel auch Details wie Augen und Schnurrhaare eintragen. Im 19. Jahrhundert wurde Aquarell zur Illustrierung botanischer und zoologischer Bücher verwendet. Auch heute noch halten viele Tiermaler das Aquarell für das beste Ausdrucksmittel.

Ein Motiv auswählen

Professionelle Tiermaler sind meist hochspezialisiert, weil sie eher die Tiere faszinieren als das Malen selbst. Wenn sie nicht malen, treiben sie ›Feldforschung‹, beobachten Tiere, machen Notizen und sammeln visuelle Informationen in Form von Fotos und Skizzen.

Sie müssen aber nicht gleich das ganze Leben den Tieren widmen, um gute Tierbilder zu malen. Wilde Tiere zu malen heißt aber auch, nach Fotovorlagen oder in einem Zoo zu malen. Wenn Sie an solchen Tiermotiven interessiert sind, schauen Sie sich einige Naturzeitschriften und ähnliche Quellen an, um genügend Vorlagen und Ideen zu sammeln.

Zwei wichtige Dinge müssen Sie bedenken. Lösen Sie sich von der Vorlage, denn zu genaues Kopieren eines Fotos ergibt kein gutes Bild (s. S. 93). Zum anderen gibt es auch Probleme mit dem Copyright. Wenn man die wiedererkennbare Kopie eines Fotos anzubieten versucht, kann man mit dem Gesetz in Konflikt geraten.

▲ ***Philip Farley, Papageienparty***

Auf den ersten Blick glaubt man kaum, daß diese wundervolle Malerei mit den satten Farben und dem Detailreichtum überhaupt ein Aquarell ist. Doch lange bevor man das Aquarell in der heute geläufigen freien Technik verwendete, wurde es von Naturkundemalern wegen seiner Fähigkeit geschätzt, feinste Details wiederzugeben. Farley arbeitet seine Komposition mit Pausen und Skizzen aus und schiebt die einzelnen Bildelemente

▶ ***Gillian Carolan, Kätzchen Tabby***

In dem Bild Dachse beim Graben *hat sich die Künstlerin auf Detailarbeit eingelassen. Carolan arbeitet hier freier und betont Bewegung und Atmosphäre.*

Für solche Bilder sollte man direkt nach dem Motiv oder nach Skizzen arbeiten und nicht nach Fotos, die die Bewegung ›einfrieren‹.

▼ ***Sally Michel, Dachse beim Graben***

So scheue Tiere wären ohne die Hilfe von Fotos und Tierpräparaten nur schwer zu malen. Die Umgebung ist wichtig, da sie dem Bild Authentizität verleiht und eine lebendige, interessante Komposition ergibt.

so lange umher, bis er mit der Anlage zufrieden ist. Dann baut er langsam die Farben auf, vor allem mit Trockenpinseltechnik über Lavierung. Die Lichter sind mit weißer Gouache eingesetzt. Manchmal deckt er ganze Flächen mit Abdeckflüssigkeit ab, um freier malen zu können.

Zuerst sollte man vielleicht Haustiere, die man leicht beobachten kann, skizzieren und/ oder zunächst fotografieren. Wenn Sie auf dem Land leben, können Sie wahrscheinlich auch Pferde, Kühe, Schafe und Ziegen finden, die ausgezeichnete Motive abgeben und oft so still stehen und grasen, daß man sie leicht skizzieren oder ein rasches Aquarell anfertigen kann. Vogelmotive werden wahrscheinlich auf Enten und Gänse beschränkt bleiben, die sehr schön zu malen sind.

Besondere Maltechniken

Beim Malen von Tiermotiven ist einer der schwierigsten Aspekte die Wiedergabe von Fell, Haar und Federn. Wenn man Tiere in einiger Entfernung malt, als Versatzstück in einem Landschaftsbild etwa, braucht man sich um Texturen nicht zu kümmern. In diesem Fall wird man sich auf die großen Formen konzentrieren. Wenn man aber eine Nahsicht malen möchte, kommt man um die genaue Wiedergabe von Texturen nicht herum . Daher müssen wir noch einige besondere Maltechniken ins Spiel bringen.

Viele Tiermaler bevorzugen die Trockenpinseltechnik, die auf S. 70 gezeigt wurde. Damit lassen sich Fellstrukturen und Haare gut wiedergeben. Man kann durch mehrfaches Überlagern und Variieren der Länge und Richtung der Trockenpinselstriche sehr realistische, komplexe Effekte schaffen. Üben Sie diese Technik nach Fotovorlage oder einem Bild eines anderen Künstlers.

Eine verwandte Methode besteht darin, in kleinen, getrennten Strichen zu malen. Die

◀ *James Luck, Rotbraune Feuerschwänze*

Auch in diesem Aquarell wurde Deckweiß verwendet, jedoch präziser. Das Federkleid wurde aus einer Serie kleiner Striche mit einem kleinen Pinsel aufgebaut. Der neblige Hintergrund ist wundervoll wiedergegeben und gibt den Vögeln einen idealen Platz.

◀ *Gillian Carolan, Ruhende Lämmer*

Die Künstlerin hat diese wunderbar beobachtete Studie auf getöntem, leicht rauhem Papier in einer Mischung aus Deckweiß und Aquarell gemalt. Mit einem weichen Bleistift hat sie Akzente gesetzt, deutlich sichtbar zum Beispiel bei den Ohren des Lamms in der Mitte. Die harmonischen Farben und weichen Übergänge passen hervorragend zum Motiv.

▲ *Sally Michel, Junger Pandabär aus dem Himalaya*

Zur Wiedergabe der dichten Textur des Fells wurde Pastellkreide über Lavierungen gelegt. Die Künstlerin arbeitete auf einem getönten Pastellpapier, das ein feineres Korn hat als Aquarellpapier und die Pastellstriche nicht aufbricht. Pastell und Aquarell werden immer da kombiniert, wo Textur ein wichtiger Bildaspekt ist.

▶ *Donald Pass, Pelikane*

Dieses Bild wurde nach dem Leben gemalt. Mit einer Mischung aus weicher Bleistiftzeichnung und Lavierungen in Aquarell hielt der Künstler schnell seine Eindrücke fest. Wenn man wilde Tiere vor Ort skizzieren will, hat man keine Zeit für lange Überlegungen zu technischen Fragen. Ziel ist es, seine Eindrücke so schnell wie möglich festzuhalten.

Farbe wird dabei mit ein wenig weißer Gouache oder Deckweiß angedickt. Die Zugabe von weißer Gouache macht die Aquarellfarben milchig und trüb. Für Tiermotive ist dies sinnvoll, weil die Farbe dadurch mehr Substanz bekommt und nicht ineinanderläuft. Bei der Herstellung von Aquarellfarben wird Gummiarabikum als Bindemittel verwendet. Fügt man ein wenig dem Malwasser zu, wird die Farbe dickflüssiger und glänzender.

Wenn Sie mit den Ergebnissen immer noch nicht zufrieden sind, versuchen Sie einmal eine Mischung verschiedener Techniken. Linie und Lavierung (s. S. 84) kann zur Wiedergabe von Fell und Federn gerade richtig sein. Gut kombinierbar sind Pastell und/oder Kohle mit Aquarell. Man kann Texturen sehr effektvoll mit wenigen Strichen Pastell oder Kohle über einer Aquarell-Lavierung andeuten – in der halben Zeit, die man für die Trockenpinseltechnik bräuchte.

Bildkomposition

Beschäftigt man sich allerdings zu sehr mit Texturen, kommt es vor, daß man darüber den Rest des Bildes vergißt. Wenn man einen Teil des Bildes allzu detailliert malt und den anderen Teil nicht, ergibt die Komposition keine organische Einheit. Die wichtigste Kompositionsregel lautet: Alle Bildelemente haben ihre eigene Bedeutung. Ob Ihr Motiv nun eine schlafende Katze auf der Fensterbank oder ein Pferd auf dem Feld ist, denken Sie immer daran, das Tier mit dem Vorder- und Hintergrund zu verbinden.

Dasselbe gilt für die Technik. Verwenden Sie eine sorgfältige Trockenpinseltechnik für das Tier, haben aber für den Hintergrund nur einige lockere Pinselstriche übrig, wird die Komposition auseinanderfallen, als ob man zwei verschiedene Bilder zusammenbringen wollte. Ein Bild sollte immer in einer durchgängigen Technik gemalt werden.

▶ *Gillian Carolan, Im Sonnenlicht*

Das Sonnenlicht, in dem der Hund badet, wurde auch über dem Stuhl angelegt, um die einzelnen Bildteile zu verbinden. Der Malstil ist locker und flüssig, nur der Hund ist verblüffend genau wiedergegeben, die Kopfform mit dunklen Lavierungen herausgearbeitet.

◀ ***Terry Longhurst, Schafe in Wales***

In einer einfachen, aber wirkungsvollen Komposition führen die aufsteigenden Linien des Feldes das Auge von den beiden Schafgruppen zu dem einzelnen Schaf auf dem Hügel. Der dunkle Hintergrund konzentriert die Aufmerksamkeit auf die weißen Tiere und die intensiven Farben des Grases.

Beim Malen einer Landschaft oder eines Stillebens läßt sich eine schwache Zeichnung durch stimmige Farben und eine gute Komposition verbergen. Es mag dabei nicht auffallen, daß ein Baum etwas schief steht oder eine Schale nicht ganz rund geworden ist. Bei Tiermotiven ist das schwieriger. Vielleicht sollten Sie zuvor noch Ihre Zeichenkenntnisse auffrischen und einige

Projekt 7

Die Beobachtungsgabe verbessern

Mit Aquarell ›zeichnen‹

Rasch arbeiten

Studien machen

Vorskizzen versuchen. Unterstützen Sie Ihre Skizzen mit Fotos und nehmen Sie außer dem Skizzenbuch immer eine Kamera mit. Tiere in Bewegung zu zeichnen, ist immer schwer. Erst dank der Studien des Fotografen Eadweard Muybridge konnte man im 19. Jahrhundert Pferdegalopp richtig darstellen. Vorher wurden Pferde in Bewegung mit allen vier Beinen in der Luft dargestellt.

Shetlandpony

1 *Verwendet man Aquarell zum Skizzieren, muß man die Farbe rasch und gestisch anwenden. Hier wird die Farbe mit einem Lappen über das Papier gewischt, ähnlich wie Kohle oder Pastell.*

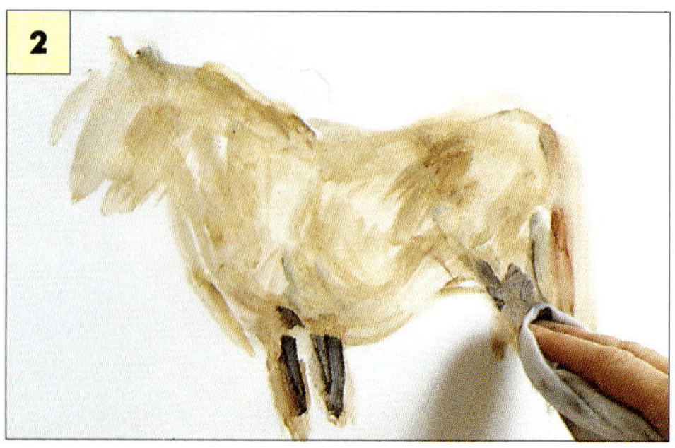

2 *Der Lappen absorbiert viel Farbe, so daß man kurz danach eine neue Schicht anlegen kann. Die Hauptformen des Ponys wurden innerhalb weniger Minuten angelegt.*

3 *Das Pony wird mit wenigen schnellen Pinselstrichen über die erste Textur fertig gemalt.* ❑

Verwendete Farben

Die in dieser Übung verwendeten Farben sind von links nach rechts: Venezianischrot, Siena natur, Lichter Ocker, Sepia, Kobaltblau, Rußschwarz.

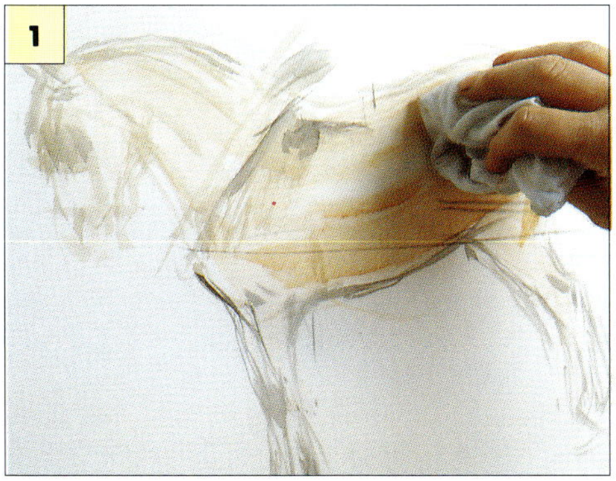

Zugpferd

1 *Wieder wurde mit dem Lappen gearbeitet, nachdem diesmal eine leichte Vorzeichnung mit dem Pinsel vorausgegangen ist.*

2 *Mit dem Pinsel wird die Farbe an einigen Stellen abgedunkelt und die Form des Pferdes aufgebaut.*

3 *Mit der Pinselspitze werden die feinen Details des Geschirrs gezeichnet. Um die Hand beim Malen ruhiger zu halten, stützt sich die Malerin auf einen Malstock. Der besonders von Ölmalern verwendete Stock mit kugelförmigem Ende wird auf das Zeichenbrett gelegt.*

4 *Das Geschirr wird sorgfältig gezeichnet, da es auch die Form des Pferdes unterstützt.* ❑

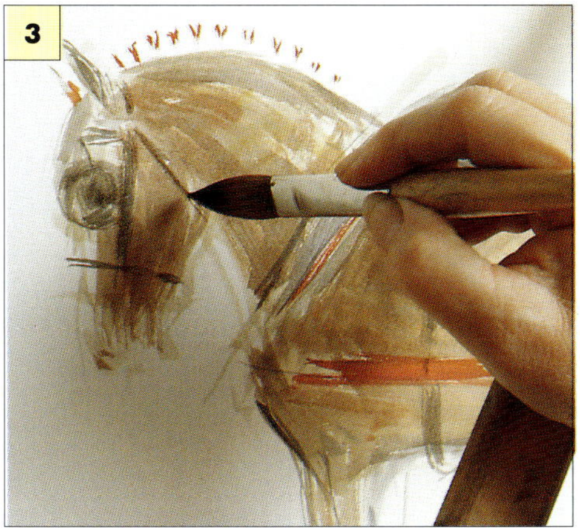

Reitpferde

Tiere in Bewegung müssen rasch skizziert werden. Dafür eignet sich die Pinselzeichnung am besten. Keine dieser Studien dauerte länger als zehn Minuten. Halten Sie die Zeichnung leicht, damit Sie noch darübermalen und Linien korrigieren können. Der Künstler hat hier noch einmal die Position des Kopfes und eines Beines verändert, da das Pferd sich bewegte.

Nach dem Leben arbeiten

Die auf diesen beiden Seiten gezeigten Bilder reflektieren die persönlichen Vorlieben der Künstler für bestimmte Motive, die sie genau studiert haben. Man kann natürlich immer nach Fotos malen. Bessere Bilder werden aber wahrscheinlich entstehen, wenn man direkt nach dem Leben malt.

▶ ***Sally Michel, Catty Roberts***

Katzen sind exzellente Modelle, da sie oft lange stillsitzen oder immer wieder die gleiche Haltung einnehmen. Um ein so überzeugendes Katzenporträt zu malen, braucht man aber einige Übung. Wenn Sie Ihre Katze oder Ihren Hund malen wollen, arbeiten Sie zunächst nach Skizzen und Fotos.

◀ ***Phil Wildman, Die Seemöwe***

Seemöwen bewegen sich zwar schnell, fliegen aber nicht sehr hoch, da sie gerne über Klippen, Stränden und Flüssen kreisen. Wenn Sie an einem Tag schnelle Skizzen von Möwen machen, sollten Sie genügend Material für ein Bild zusammenbekommen. Dieses Aquarell wirkt wie eine Hymne an das Fliegen. Der Vogel hat sich gerade vom Meer erhoben und steht nun mit ausgebreiteten Schwingen vor dem dunklen Wasser.

▶ *Ronald Jesty, Michaelmas*

Gänse sind beliebte Motive. Ihre schweren weißen Körper und langen beweglichen Hälse ergeben wunderbare Formen und Muster. Ein Bauernhof mit all den faszinierenden Dingen und seinen Tieren kann ein ausgezeichneter Malort sein, vorausgesetzt, Sie haben die Erlaubnis des Bauern.

▼ *Gillian Carolan, Schafe und Lämmer*

Dieses Aquarell thematisiert das Licht genauso wie die Tiere. Das dunstige Sonnenlicht wird mit der Naß-in-Naß-Technik im ganzen Bild wiedergegeben. Die kleinen weißen Formen des Grases vor dem saugenden Lamm und seiner Mutter wurden mit Abdeckflüssigkeit ausgespart.

Figuren und Porträts

Wege zum Gemälde

Das menschliche Gesicht und die Figur scheinen fast zu anspruchsvolle Motive zu sein. Daher wurden diese Themen auch bis zuletzt aufgespart. Anspruchsvoll sind sie schon, aber nicht unmöglich zu schaffen. Im Lauf des Kurses haben Sie ja genügend Fähigkeiten im Umgang mit dem Aquarell erlangt, um auch die Figurenmalerei tapfer angehen zu können.

Manche denken, Aquarell sei nicht die richtige Technik für Figuren und Porträts. Das mag auf ein ausgearbeitetes Atelierporträt zutreffen. Aber gerade die flüssigen Eigenschaften des Aquarells und seine leuchtenden Farben eignen sich wunderbar zum Festhalten von Eindrücken und für lockere Porträts.

Leute und Plätze

Eine Landschaft braucht manchmal ein oder zwei Figuren, und eine Stadtszene sähe ohne menschliches Treiben ganz tot aus. Sehen Sie sich bei der Suche nach Motiven also auch nach Menschen um, die Sie beiläufig, ohne sie erst fragen zu müssen, mitmalen können. Beim Malen von Figuren ist es genauso wie bei anderen Motiven: Am besten fängt man einfach an. Machen Sie zuerst einige schnelle Skizzen (s. S. 96). Sie können dafür einen Bleistift, eine Feder oder auch Pinsel und Farbe nehmen. Arbeiten Sie so schnell wie möglich, denn Ihre Motive bleiben nicht ewig still sitzen. Versuchen Sie, Ihre Eindrücke genau festzuhalten, und achten Sie besonders auf die typischen Formen, Gesten und Bewegungen der Leute. Erst diese individuellen Unterschiede machen das Bild lebendig und überzeugend.

Vielleicht wollen Sie Ihre Skizzen auch als Grundlage für die Bilder verwenden,

▲ ***Trevor Chamberlain, Opa***

Auftragsporträts werden meist nach einer Serie von Skizzen gemacht, für die das Modell nur kurz sitzt. Ein privates Porträt wie dieses hier kann in nur einer Sitzung vollendet werden und bezieht seine Wirkung daher aus dem freien, spontanen Vorgehen.

▶ ***John Lidzey, Marktstand***

Lidzey verwendet oft solche schnellen Skizzenbuch-›Notizen‹ als Ausgangspunkt für Bilder. Im Unterschied zu Longhurst, der an ›inoffiziellen Porträts‹ Spaß hat, interessiert sich Lidzey mehr für Lichteffekte. Die Formgebung ist daher nur flüchtig angedeutet. Mit zunehmender Erfahrung werden auch Sie Ihre eigenen künstlerischen Interessen herausfinden und wissen, was Sie in eine Skizze einbeziehen wollen.

▼ ***Ray Evans, Ein Café in Brüssel***

Evans skizziert unterwegs immer. Manchmal hat er schon fertige Bilder im Kopf, oft zeichnet er aber aus reinem Spaß. Für solche Skizzen zieht er Linie und Lavierung vor. So kann er große Farbflächen lavieren und Details von Gesichtern und Kleidung sammeln.

▲ ***Pat Berger, Skaters***

Menschen in Bewegung sind ein faszinierendes und herausforderndes Motiv. Bilder wie dieses hier sind schwierig vor Ort fertigzustellen. Da helfen Fotos der Szene, aus denen man einige wichtige Elemente herausziehen und ins Bild einbringen kann.

die Sie später im Atelier malen. Fügen Sie deshalb soviel Information wie möglich – einschließlich der Umgebung – ein. Wenn Sie zum Beispiel eine Gruppe von Menschen an einem Cafétisch skizzieren, legen Sie auch die Tische und Stühle, vielleicht noch ein Fenster oder eine Tür im Hintergrund mit einigen Strichen fest, um einen Beziehungsrahmen zu haben. Wenn Sie keine Farben verwenden, machen Sie eine Notiz zum Lichteinfall. Ein kleines Kreuz oben auf dem Papier genügt.

Ein Porträt malen

Solche schnellen Studien sind auch eine gute Übung für das Porträt. Wenn Ihnen einige Skizzen gelingen, sind darunter vielleicht auch ein oder zwei Porträts.

Das einzige Kriterium für ein Porträt ist, daß das Bild der Person ähnlich sieht. Man muß dazu nicht die Person umständlich posieren lassen und jedes Detail des Gesichtes abmalen. Man kann eine Person auch sehr genau wiedergeben, ohne das Gesicht überhaupt zu malen. Wenn Sie jemanden, den Sie kennen, von weitem sehen, erkennen Sie diese Person immer an diversen Dingen wieder, an der Gesichtsform, am Körperbau, an der Art der Bewegung. Diese Charakteristika sind genauso wichtig wie Augen, Nasen und Münder.

Oft zeigen Porträts nicht nur das Gesicht oder die Figur einer Person, sondern geben auch Hinweise auf die Interessen des Modells. Porträts von Schriftstellern könnten etwa einen Stapel Bücher oder ein Manuskript einbeziehen, während ein Künstler mit einem oder zwei seiner Bilder im Hintergrund konterfeit werden kann.

Ein Porträt komponieren

Wenn Sie eine Einzelfigur malen, müssen Sie entscheiden, wie die Figur auf das Blatt kommen soll. Manche zeichnen automatisch zuerst das Auge, das so zum Zentrum des Interesses wird, einfach deswegen, weil der Betrachter sich mit einem Mitmenschen identifiziert. Die Figur muß also nicht das ganze Blatt ausfüllen. Im Porträt eines Gartenliebhabers könnte man zum Beispiel den Blumen und Pflanzen den gleichen Platz einräumen wie dem Modell selbst und doch eine erfolgreiche Porträtstudie machen.

Terry Longhurst, Porträtskizzen

Ein Porträt muß nicht perfekt ausgeführt sein. Es sollte aber schon Ähnlichkeit mit der porträtierten Person aufweisen. Diese Studien hier haben einen kaum angedeuteten Hintergrund. Gesichter und Figuren sind ganz spontan wiedergegeben. Doch gibt jede Skizze den jeweiligen Charakter wie auch Gesicht, Haar und Habitus des Modells deutlich genug wieder.

Eine Methode, Ihr Können am Porträt zu üben, ist, sich selbst Modell zu stehen. Es ist nicht immer leicht, Leute zu finden, die stundenlang für Sie sitzen. Sind Sie Ihr eigenes Modell, können Sie so lange brauchen, wie Sie wollen, und wenn Ihnen das Ergebnis nicht gefällt, können Sie noch einmal anfangen.

▲ *Terry Longhurst, Selbstporträt in drei Spiegeln*

Ein ehrgeiziges Selbstporträt, in dem der Künstler sich dreimal im gleichen Bild in verschiedenen Haltungen und Größen darstellt.

▲ *Robert Wraith, Junge Frau*

Im Unterschied zu den skizzenhaften Porträts von Terry Longhurst auf der vorigen Seite wird das Modell in diesem Aquarell in seiner Umgebung gezeigt. Die junge Frau raucht gedankenverloren eine Zigarette, vor sich die Reste ihrer Mahlzeit. Das Bild ist wundervoll komponiert und voller Atmosphäre. Die Ruhe der Frau wird von dem dunklen, harmonischen Kolorit unterstützt. Der aufsteigende Zigarettenrauch, mit weißer Gouache wiedergegeben, bildet einen interessanten Akzent. Er verstärkt außerdem das Bildgerüst, indem er den weißen Lichtfleck und die Flasche als Vertikale wieder aufnimmt.

▶ *Jan Kunz, Sitzender Mann*

Das Aquarell ist schön komponiert. Hätte man mehr von den Beinen gezeigt, würde das vielleicht vom Gesicht abgelenkt haben, das in einem Porträt immer das Zentrum des Interesses ist. Aus dem gleichen Grund deutete die Künstlerin die Hände nur an und fügte an ein paar Stellen im Hintergrund eine intensive, dunkle Farbe ein, um die helle Seite des Gesichts zu betonen.

Hauttöne

Helle Haut
Haut malt man am besten, indem man einen mittleren Farbton herausnimmt und eine passende Mischung macht. Dieser Farbton kann dann mit Wasser aufgehellt und mit Tupfen von Blau und Grün für die Schatten abgedunkelt werden. Wegen der großen Vielfalt gibt es für Hautfarben keine Standardrezepte. Die meisten hellen Hautfarben können jedoch annähernd aus Lichtem Ocker und Rot gemischt werden. Hier sind einige Vorschläge für ›Grundfarben für helle Haut‹. Payne's Grau und Umbra natur können für Schatten verwendet werden.

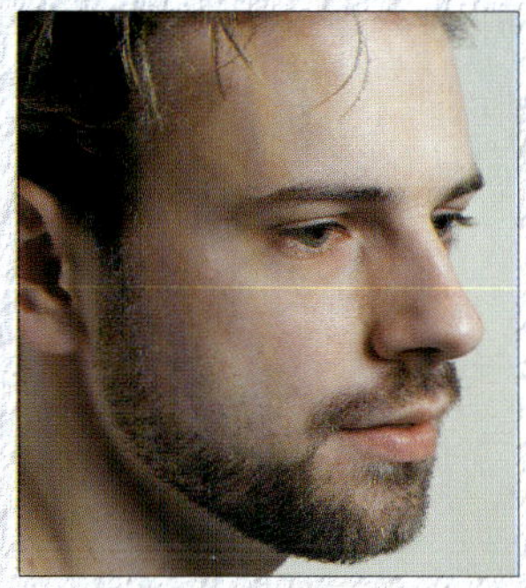

Dunkle Haut
Suchen Sie wieder einen mittleren Farbwert heraus, der gelblich-braun wie auf dem Foto, rötlich-braun oder bläulich-braun sein kann. Zwischen den Lichtern und den schattigen Stellen gibt es oft beträchtliche Farbunterschiede, die aber immer zu einer Farbfamilie gehören. Wenn man zu viele verschiedene Farben benutzt, erhält man eine fleckige Wirkung. Die hier gezeigten Farbmischungen sind eine gute Basis für weitere Experimente. Chromoxidgrün feurig und Indigo kann man für Schatten nehmen.

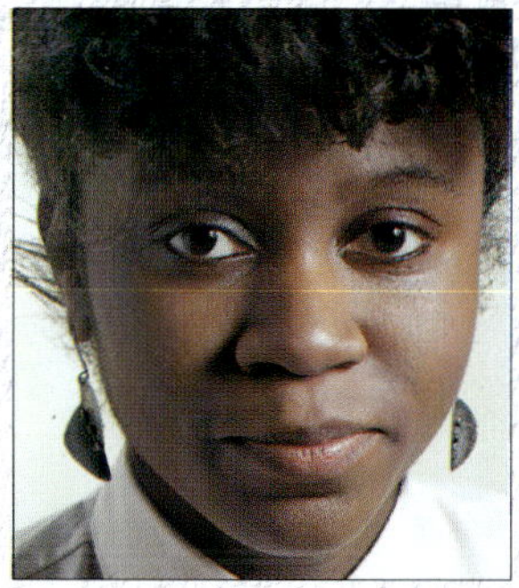

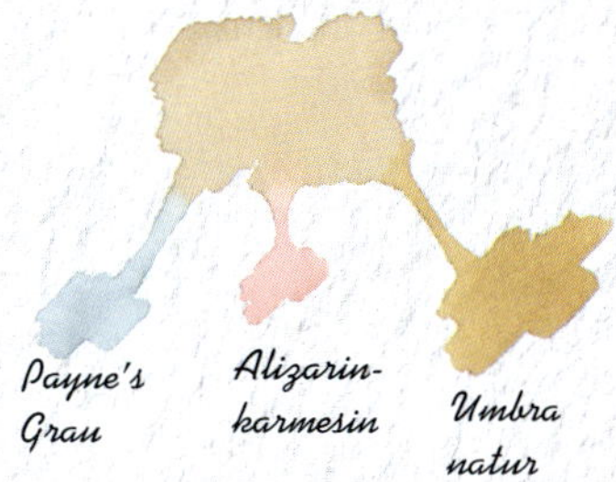

Oft wird man sich jedoch auf die Figur selbst konzentrieren, vor allem dann, wenn ein Freund oder ein Familienmitglied Modell sitzt. In diesem Fall können Sie nur das Gesicht oder die Halbfigur mit Händen malen. Wollen Sie etwas auslassen, gehört dazu sorgfältige Planung. Kopf und Nacken bilden eine Einheit. Bei einem Kopf-Schulter-Porträt könnte man also unterhalb des Halses aufhören, in einem Dreiviertelporträt unterhalb der Hände. Lassen Sie die Hände aber nicht aus dem Bildfeld ragen, so daß nur die Handgelenke sichtbar sind.

Auch oberhalb des Kopfes sollte nicht zuviel Platz freigelassen werden. Das drückt die Figur und schiebt sie aus dem Bild heraus. Setzen Sie nie den Kopf einfach in die Mitte, um ihn dann auch noch frontal zu ma-

◀ ***Körperproportionen*** *Eine Regel besagt, daß der Kopf ungefähr siebenmal in den Körper paßt. Aber kaum ein menschlicher Körper wird diese Regel erfüllen. Sie müssen also die genaue Betrachtung mit Ihrem Wissen verbinden. Die größten Variationen findet man im Bereich der Hüften und Schultern. Das Mädchen auf dieser Zeichnung hat herabfallende Schultern und Hüften, die im Verhältnis zur Taille groß wirken. In anderen Körpern ist die Kurve von der Taille zur Hüfte weniger ausgeprägt.*

len. Das ergibt selten eine interessante Komposition. Die meisten Porträts (beileibe nicht alle) zeigen Dreiviertelansichten, die Kopfform und Gesichtszüge deutlich zeigen, ohne zu ruhig und symmetrisch zu werden.

Menschliche Proportionen

Eine schwache Zeichnung ist der häufigste Fehler bei Figur- und Porträtmalerei. Das ist eher das Ergebnis mangelnder Beobachtung als mangelnden Talentes. Mit wachsender Übung verbessert sich auch die Zeichnung. Aber vielleicht sollten Sie sich doch vorher einige Regeln über die Proportionen von Gesicht und Körper ins Gedächtnis zurückrufen.

Der Kopf ist beim Malen einer vollständigen Figur die Maßeinheit. Der Körper eines Erwachsenen hat ungefähr siebeneinhalb Kopflängen, der Fuß ist etwa einen Kopf lang, und die Hüfte befindet sich ungefähr in der Mitte des Körpers. Sie liegt so hoch, weil die Beine relativ lang sind.

Natürlich passen wenige Körper auf dieses ›Standardmodell‹. Köpfe können kleiner oder größer sein, Beine kürzer oder länger, Schultern breiter oder schmaler, eckig oder herabhängend. Doch mit dem Kopf als Maßeinheit macht man einfach weniger Fehler.

Verkürzung

Diese Zeichnungen zeigen, wie stark sich eine Verkürzung auf die Form eines Körpergliedes auswirkt. In der unteren Zeichnung erscheint der Oberschenkel viel kürzer und dicker, weil er infolge der Kniebeugung näher zum Betrachter liegt. Wenn man solche Verkürzungen zeichnen muß, sollte man alle Proportionsregeln vergessen und sich nur auf seine Augen verlassen.

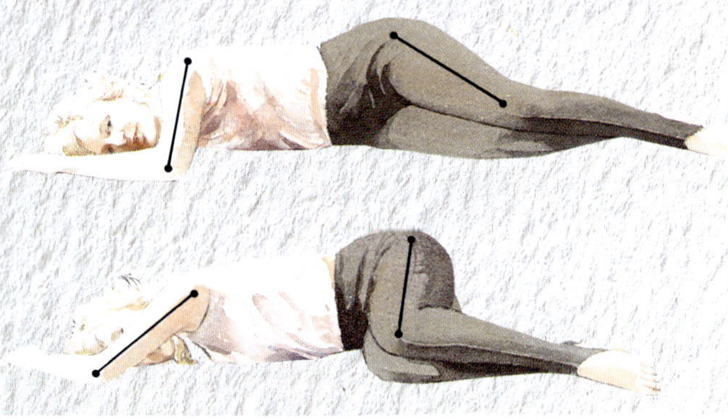

Halten Sie den Bleistift in Armlänge vor sich und bewegen Sie den Daumen auf und ab, bis er den Kopf genau abdeckt. Testen Sie, wie oft diese Maßeinheit in ein Bein, einen Arm oder die Schulterbreite paßt.

Denken Sie beim Zeichnen oder Malen eines Kopfes oder eines Kopf-Schulter-Porträts daran, daß die Gesichtszüge einen relativ kleinen Teil des Gesichts einnehmen. Die untere Grenze der Augenhöhlen ist die Mitte. Anfänger machen die Gesichtszüge oft zu groß und plazieren die Augen zu hoch. Obwohl auch Gesichter sehr verschieden ausfallen und ein gutes Porträt gerade die individuellen Unterschiede in den Proportionen herausarbeiten muß, sollte man sich anfangs an die Grundregeln halten.

▲ ***Die Gesichtszüge einsetzen***
Häufig schätzt man die Größe der Stirn und die obere Hälfte des Kopfes falsch ein und setzt die Augen zu hoch. Denken Sie daran, daß die Mitte des Gesichtsfelds ungefähr unterhalb der Augenhöhlen liegt.

▲ ***Den Kopf drehen***
Wenn der Kopf gedreht ist, sieht man die Gesichtszüge in Perspektive. Um sie dann richtig zu zeichnen, kann man den Kopf als Eiform vereinfachen und einige Hilfslinien einzeichnen, wie hier gezeigt.

WEGE ZUM GEMÄLDE

Projekt 8

Fleischtöne erzielen

Deckweiß verwenden

Mit den Fingern vermalen

Neue Techniken ausprobieren

Tiermaler mischen ihren Aquarellfarben oft weiße Gouache oder Deckweiß zu. Diese Technik hilft auch beim Aufsetzen von Lichtern auf Fleisch oder beim Wiedergeben von Haar wie in diesem Porträt, in dem der Künstler Deckweiß verwendete.

Man kann auch Pastell, Kohle oder Bleistift über trockene Farbschichten anlegen. Einige entschiedene Linien können hier und da kräftige Akzente setzen. Zudem kann man so die Details von Nasen, Augen und Lippen verstärken. Bleistiftlinien harmonieren besonders gut mit hellen Lavierungen.

Unter den Aquarellmalern gibt es etliche Snobs, die über die Verwendung von Deckfarbe, eine Kombination von Zeichnen und Malen, Abdeckflüssigkeit oder auch Wachsabdecktechniken die Nase rümpfen. Wichtig ist eigentlich nur, daß man das Ergebnis, das man sich vorstellt, durch die effektivsten Mittel erzielt.

1 *Mit Rotbraun wurde eine Pinselzeichnung gemacht, die sich mit den folgenden Farbschichten gut vermalen läßt. Pinselzeichnungen sollte man nur versuchen, wenn man ein geübter Zeichner ist. Andernfalls bleiben Sie besser beim Bleistift.*

2 *In dieser Phase arbeitet der Künstler noch mit transparenter Aquarellfarbe. Er legt aber keine flüssigen Lavierungen an, sondern schrubbt die ziemlich trockene Farbe gestisch über die Vorzeichnung. Die Farben werden nicht auf der Palette, sondern auf einem Stück Aquarellpapier gemischt, das das Wasser aufsaugt und den Farben die gewünschte Konsistenz gibt.*

Verwendete Farben

Die in dieser Übung verwendeten Farben sind von links nach rechts: Alizarinkarmesin, Indischrot, Lichter Ocker, Preußischblau, Rußschwarz, Deckweiß.

3 *Die Struktur des Gesichts und das Hell-Dunkel-Muster sind angelegt. Die kleine Farbskala wurde mit Schwarz gemischt, um intensiv dunkle Farbtöne zu erzielen.*

4 *Lichter Ocker ist der vorherrschende Farbton für das Gesicht, ausgemischt mit Indischrot, Alizarinkarmesin und Ultramarinblau für die Schatten. Der Künstler vermalt hier mit einem Finger die dunklen und hellen Farben.*

5 *Haar und Schnurrbart werden mit Grau aus Deckweiß und Schwarz wiedergegeben. Der tiefe Schatten unterhalb der Nase wird wieder mit dem Finger verrieben, um eine harte Grenze zwischen den dunklen und hellen Stellen zu vermeiden.*

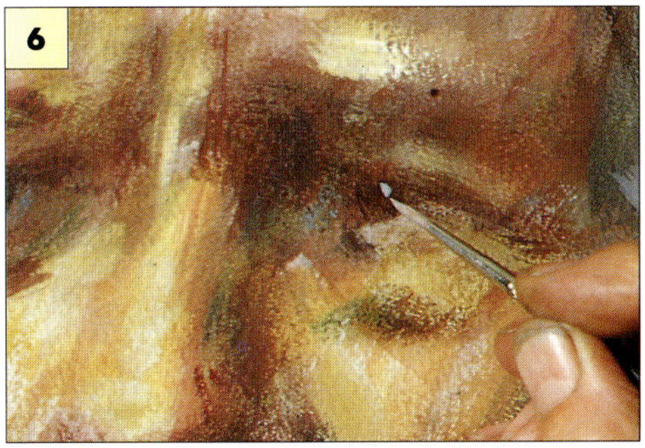

6 *Die Lichter in den Augen sind kritische Stellen. Wenn sie falsch gesetzt werden, erscheinen auch die Augen verzerrt. Reines Deckweiß wird leicht mit einem kleinen Pinsel aufgetupft.* ❑

◀ *Ken Paine, Porträt eines bärtigen Mannes*

Die Lichter auf Haar und Schnurrbart, Nase, Stirn und Wangen wurden mit Deckweiß gesetzt. Wie bei den Aquarellfarben wurde auch das Deckweiß trocken aufgetragen, so daß die Farbe nur auf den Erhebungen des Papiers haftet und einen gebrochenen Effekt hat.

Verschiedene Vorgehensweisen

Wie man Gesichter und Figuren darstellt, hängt ganz von der künstlerischen Idee ab. Eine zufällig wirkende Figur in einer Landschaft kann ziemlich frei behandelt werden. Wenn man jedoch die Ähnlichkeit einer Person oder einer Gruppe wiedergeben möchte, muß man aufmerksam beobachten und genau malen. Das heißt nicht, daß man kleinteilig und gezwungen malen muß. Wenn man vorher genau weiß, was man vorhat, kann man frei malen.

▶ *Robert Wraith, Interieur*

Dieses Bild handelt mehr vom Raum als von dem posierenden Mädchen. Sie wurde so weit seitlich gesetzt, daß sie zwar für die Komposition wichtig bleibt, sie aber nicht dominiert. Aber auch eine Figur, die nur dazu verwendet wird, andere Bildteile auszubalancieren, muß überzeugen. Mit einem Minimum an Details wurden die entspannte Pose und die Lichtflecken auf der Figur gekonnt wiedergegeben.

◀ *Jan Kunz, Junges Mädchen*

In diesem anrührenden Porträt gibt es viele Details, die Farben wurden aber nirgendwo überfordert. Das helle Licht ermöglichte es, große Flächen des Gesichts und des Körpers fast weiß zu lassen. Die Schatten und einige Teile des Gesichts sind sicher eingesetzt. Das dichte, gewellte Haar wurde zu einzelnen Strähnen vereinfacht.

▶ ***Terry Longhurst, Sir John Best-Shaw***

Dieses Porträt war ein Auftragsbild. So mußte der Künstler nicht nur für Ähnlichkeit sorgen, sondern auch eine gefällige Komposition schaffen. Der schwarze Hintergrund, der einen kräftigen Hell-Dunkel-Kontrast ergibt, wie auch die nach oben gerichtete Kopfwendung vermitteln ein Gefühl ruhiger Strenge.

▼ ***David Curtis, Fred und Edna***

Diese reizende Studie ist kein Porträt im eigentlichen Sinne. Vom Gesicht des Mannes sieht man nur einen kleinen Teil unter dem Hut herauslugen, vom Gesicht der Frau überhaupt nichts. Doch geben Kleidung und Haltung unverkennbare Eigenheiten der beiden Protagonisten des Bildes wieder. Machen Sie solche Studien auch im Urlaub, wann immer Sie Zeit haben. Gerade Strandszenen eignen sich gut für längere Beobachtungen, da die Leute sich beim Sonnen oder Lesen ruhig verhalten.

Auch beim Malen kann man aus Fehlern nur lernen. Sind Sie mit Ihren ersten Bildern nicht zufrieden, zerreißen Sie sie nicht. Legen Sie sie erst einmal weg, am besten mit einem Blatt Seidenpapier zwischen jedem Aquarell, und nehmen Sie die Bilder nach einigen Monaten wieder vor. Vielleicht sehen Sie jetzt auch die guten Stellen im Bild. Noch wichtiger ist aber, daß Sie Fehler

Nach dem Malen

erkennen. Weniger erfolgreiche Bilder können dann als Basis für andere des gleichen Motivs dienen.

▶ *Aquarelle müssen vor Sonne und Feuchtigkeit geschützt werden und sollten daher mit einem speziellen säurefreien Seidenpapier bedeckt werden. Eine Mappe ist sinnvoll, wenn Sie keinen Planschrank für Ihre Arbeiten haben.*

Ihre Arbeiten ausstellen

Wenn Sie ein Bild gemalt haben, das Ihnen gefällt, möchten Sie es vielleicht ausstellen. Dazu muß es aber erst aufgezogen und gerahmt werden. Jedes Bild auf Papier sollte durch Glas geschützt werden. Beim Glaser oder Rahmenmacher kann man sich Glas zurechtschneiden lassen, ein Passepartout kann man leicht selbst zu Hause schneiden. Passepartouts für Aquarelle sind meist Kartons, aus denen ein Fenster geschnitten wird. Das Bild wird daruntergelegt und so auch gerahmt. Passepartout-Kartons gibt es in zahlreichen Farbtönen, am besten eignen sich aber Creme, Chamois und Beige. Beim Einkauf des Kartons sollte man das Aquarell zur Farbabstimmung mitnehmen.

Passepartouts kann man mit einem normalen Schneidemesser und einem Stahllineal schneiden, die besser aussehenden schrägen Kanten sind allerdings schwer zu erzielen. Wenn Sie viele Bilder rahmen wollen, sollten Sie sich einen Passepartout-Schneider zulegen. Diese haben Klingen, die in einem Winkel von 45 Grad befestigt sind und an einer Metallschiene entlanggezogen werden.

Sehr wichtig ist der richtige Abstand zwischen Rahmen und Bild. Ist der Rahmen zu weit geschnitten, versackt das Bild, ist er zu eng, sieht es gedrängt aus. Legen Sie das Bild auf den Karton und verschieben Sie es

Passepartout schneiden

In dieser Übung wird ein fertiger Wechselrahmen benutzt. Man braucht also nur einen Passepartout-Schneider.

1 *Messen Sie das Bild aus und entscheiden Sie, wieviel davon verdeckt werden soll.*
2 *Schneiden Sie den Karton in Größe des Rahmenglases zurecht. Markieren Sie dann die Maße für den Ausschnitt.*
3 *Die meisten Passepartout-Schneider sind so konstruiert, daß man auf der Rückseite des Kartons schneidet. Versuchen Sie, einen gleichmäßigen Druck auszuüben.*

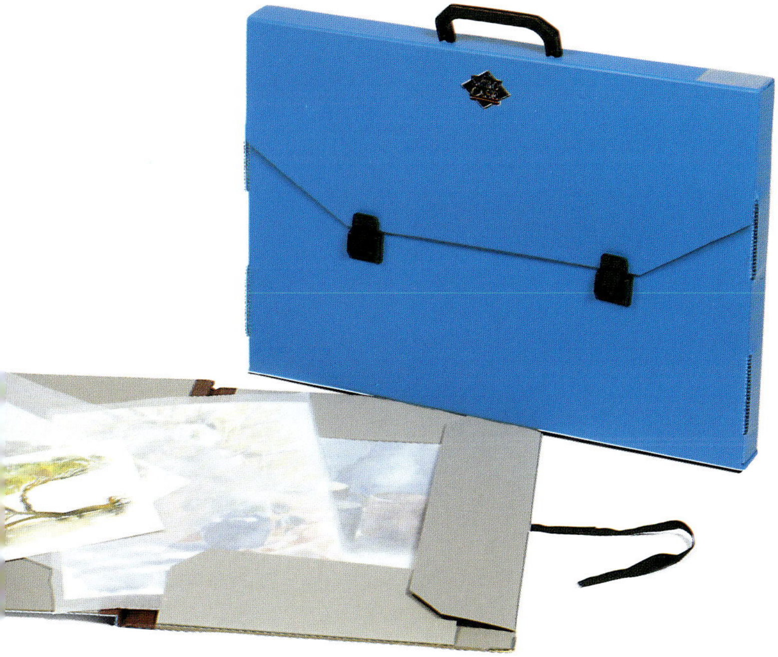

so lange, bis der Abstand richtig ist. Machen Sie dann zuerst leichte Bleistiftmarkierungen. Der untere Rand sollte breiter sein, damit das Bild beim Hängen zentral gerahmt wirkt.

Das Rahmen überläßt man am besten Profis, es sei denn, Sie sind in Schreinerarbeiten versiert. Will man sich einen teuren Rahmen sparen, kann man das Aquarell auch zwischen ein passendes Glas und eine Hartfaserplatte legen und mit Metallklammern halten. Der Vorteil ist dabei, daß man das Bild leicht durch ein anderes austauschen kann. Als Alternative bieten sich Rahmenleisten in Fachgeschäften an, die man sich zu Hause zurechtschneidet und zusammenleimt.

4 *Wenn alle Ecken und Kanten sauber ausgeschnitten sind, heben Sie den Karton leicht an und lassen das ausgeschnittene Stück herausfallen.*
5 *Passen Sie den Rahmen an und befestigen Sie das Bild mit Klebeband auf der Rückseite des Passepartouts. Kleben Sie das Band nicht entlang der Seiten, sonst verwirft es sich.*
6 *Legen Sie Bild und Passepartout auf die Rückplatte.*
7 *Legen Sie das vorher gereinigte Glas darüber und klammern Sie Platte, Bild, Rahmen und Glas zusammen.*

▲ *Wechselrahmen geben nicht soviel Schutz wie Bilderrahmen. Feuchtigkeit kann unter die Ecken dringen. Ein wirklich gelungenes Bild sollte auch einen guten Rahmen wert sein.*

Register

Danksagung

Der Verlag dankt allen Künstlern, die für dieses Buch Beispiele angefertigt haben, ohne daß ihr Name in den Bildlegenden ausdrücklich erscheint: Jean Canter, Rosalind Cuthbert, Kay Gallwey, Elisabeth Harden, John Lidzey, Terry Longhurst, Debra Manifold, Ken Paine, Hazel Soan, Mark Topham und Phil Wildman. Außerdem danken wir Peter Thaime (S. 164, links) und Mr. Thomson (S. 160) dafür, daß sie uns ihre Bilder zum Abfotografieren zur Verfügung stellten, sowie David Kemp für die Diagramme und Sally Launder für die Farbtafeln.